U0567073

"儒家五圣"丛书 杨朝明 主编
曲阜文化建设示范区推进办公室 组编

# 复圣颜子

颜健 著

齐鲁书社
·济南·

图书在版编目（CIP）数据

复圣颜子 / 曲阜文化建设示范区推进办公室组编；杨朝明主编；颜健著. -- 济南：齐鲁书社，2023.9
（"儒家五圣"丛书）
ISBN 978-7-5333-4638-6

Ⅰ.①复… Ⅱ.①曲… ②杨… ③颜… Ⅲ.①颜回（前521-前490）–生平事迹 Ⅳ.①B222.3

中国版本图书馆CIP数据核字(2022)第211028号

责任编辑　张敏敏
装帧设计　亓旭欣

# 复圣颜子
FUSHENG YANZI

曲阜文化建设示范区推进办公室　组编　　杨朝明　主编
颜　健　著

| 主管单位 | 山东出版传媒股份有限公司 |
|---|---|
| 出版发行 | 齐鲁书社 |
| 社　　址 | 济南市市中区舜耕路517号 |
| 邮　　编 | 250003 |
| 网　　址 | www.qlss.com.cn |
| 电子邮箱 | qilupress@126.com |
| 营销中心 | （0531）82098521　82098519　82098517 |
| 印　　刷 | 山东成信彩印有限公司 |
| 开　　本 | 720mm×1020mm　1/16 |
| 印　　张 | 15 |
| 插　　页 | 2 |
| 字　　数 | 251千 |
| 版　　次 | 2023年9月第1版 |
| 印　　次 | 2023年9月第1次印刷 |
| 标准书号 | ISBN 978-7-5333-4638-6 |
| 定　　价 | 46.00元 |

## "儒家五圣"丛书编辑委员会

主　　任　董　冰
副 主 任　杨朝明
成　　员　朱湘华　董洪波　李学斌　吕　斌　王士虎
　　　　　昝　亮　王　路　傅光中　贺　伟

主　　编　杨朝明
副 主 编　李学斌　傅光中

# 总序一

济宁位于鲁西南地区，地处黄淮海平原与鲁中南山地交接地带，素以"孔孟之乡""运河之都""文化济宁"著称。孔孟之乡、礼义之邦的济宁是中华文明的重要发祥地，诞生了人文始祖轩辕黄帝和孔子、颜子、曾子、子思子、孟子等圣人。西周初年，周公受封建立鲁国，为儒学的诞生提供了前提。济宁辖区内有曲阜市、邹城市两个国家历史文化名城，有"三孔"和京杭大运河两处世界文化遗产，有水浒故事发源地水泊梁山、铁道游击队故乡微山湖……圣人、圣地、水乡交相辉映，优秀传统文化与红色文化在此水乳交融。

习近平总书记指出："孔子创立的儒家学说以及在此基础上发展起来的儒家思想，对中华文明产生了深刻影响，是中国传统文化的重要组成部分。""研究孔子、研究儒学，是认识中国人的民族特性、认识当今中国人精神世界历史来由的一个重要途径。"儒学是一个博大精深的思想体系，其形成有广阔的社会背景和漫长的历史过程。中华优秀传统文化就像一棵生生不息、枝繁叶茂的参天大树，生命坚韧，历久弥新，在不同时期结出了不同的文明硕果。

孔子开创的儒家学说，不仅影响了中国古代社会的政治、经济、文化、教育等诸多方面，而且对人类现代社会依然有着重要影响。在现代社会，儒家文化所强调的仁、义、礼、智、信等人伦道德理念，仍然是我们中国人处理人际关系所遵从的基本原则。在政治方面，儒家文化讲仁爱、重民本，为国家管理者提供了治国理政方面的有益遵循。在经济方面，儒家文化强调道德修养及社会责任，有助于中国商业的健康发展。

在文化层面，儒家学说促进了人与人、国与国之间的交流与合作。在教育方面，孔子开创了民间教育的先河，成为此后中国培养人才的重要方式。可以说，儒家学说曾经长期是中国社会的主流文化，而且至今仍然在很大程度上影响着中国乃至世界儒家文化圈人民的思想观念和精神生活。

2013年11月，习近平总书记视察山东济宁，就弘扬中华优秀传统文化问题发表重要讲话，对济宁寄予殷切期望，赋予光荣使命。近年来，济宁市深入学习贯彻习近平总书记重要讲话指示精神，发挥文化底蕴厚重、资源丰富的优势，配合建设大运河、黄河等国家文化公园，把握好国际孔子文化节、尼山世界文明论坛等重大文化活动契机，倡导中华优秀传统文化"八个融入"理念，推动研究阐发"登峰"与推广普及"落地"并重，做好中华优秀传统文化"创造性转化、创新性发展"的文章，全力打造集世界文明交流互鉴高地、中华优秀传统文化"两创"先行示范区、世界文化旅游名城于一体的文化建设新高地，自觉在服务国家文化战略中担负重大使命、做出更大贡献。

习近平总书记在文化传承发展座谈会上强调，要在新的历史起点上继续推动文化繁荣、建设文化强国、建设中华民族现代文明。要坚定文化自信，坚持走自己的路，立足中华民族伟大历史实践和当代实践，用中国道理总结好中国经验，把中国经验提升为中国理论，实现精神上的独立自主。要秉持开放包容，坚持马克思主义中国化时代化，传承发展中华优秀传统文化，促进外来文化本土化，不断培育和创造新时代中国特色社会主义文化。要坚持守正创新，以守正创新的正气和锐气，赓续历史文脉，谱写当代华章。

破浪前行风正劲，奋楫扬帆正当时！济宁市将全面贯彻落实党的二十大精神，以习近平新时代中国特色社会主义思想为指引，深入推动文化繁荣发展，努力让中华优秀传统文化焕发出新的时代光彩：创新突破传播交流，推进尼山文化片区规划建设，全方位提升国际孔子文化节、尼山世界文明论坛等重大活动能级，充分运用数字技术等现代手段提升中华优秀传统文化的国际影响力；创新突破教育普及，建设全国干部政德教育基地、全国教师培训基地、全国青少年优秀传统文化传承体验基地，大力推进"领导干部学国学""优秀传统文化进校园"，以中华优秀传统文化教育影响"关键少数"，让"关键少数"影响带动社会大多数，形成宣传普及中华优秀传统文化的热潮；创新突破落地转化，推动中华优秀传统文化"八个融入"，即融入精神文明建设，融入青少年教育，融入干部政德建设，融入基层社会治理，融入文化旅游高质量发展，融入乡村振兴，融入网络建设，融入城市发展，用中华优秀传统文化涵育"人人彬彬有礼、户户和和美美、处处干干净净"的城乡文明新风尚；创新突破文旅融合发展，实施"百家景区焕新"行动，对全市100余家A级景区实行"一景区一方案"，推动经典景区"破圈突围"、传统景区"做优做强"、新兴景区"深度开发"，打响"孔孟之乡、运河之都、文化济宁"的文旅品牌。

为了弘扬以儒家文化为代表的中华优秀传统文化，围绕"四个讲清楚""两个结合"等重大论断，结合孔孟故里的区位优势，济宁市深入挖掘整理、研究阐发以儒家文化为重点的中华优秀传统文化资源，推进"儒家五圣"思想学说研究，特约请著名儒学研究专家杨朝明教授担纲主编，于国内优秀专业古籍出版社齐鲁书社编辑出版了这套"儒家五圣"丛书。本丛书分别阐述了至圣孔子、复圣颜子、宗圣曾子、述圣子思子、亚圣孟子的生平事迹、思想观点及时代价值，是一套通俗化、普及性的儒家文化宣传读本，是济宁市文化"两创"工作的标志性成果之一。希望这套丛书的出版发行，能够让更多的读者了解孔孟之乡、了解儒家文化，进而学好用好以儒家文化为代表的中华优秀传统文化。

希望有志于文化建设的社会各界人士，积极投身于中华优秀传统文化"两创"实践，为推动完成新的文化使命、建设中华民族现代文明做出新的更大贡献！

中共济宁市委常委、副市长
曲阜文化建设示范区党工委书记　　董　冰

2023 年 8 月

# 总序二

在中华传统文化中,圣人是最为崇高的人。圣人不仅人格完美高尚,而且智慧出类拔萃、超凡脱俗。"圣人"一词虽然有时被用来美化帝王,后来也用于指称精通某事或在学问、技艺方面有超高成就的人,但通常情况下,都是指道德、智慧最为高超的理想人物。在中国,中华民族最伟大的文化圣人主要指至圣孔子、复圣颜子、宗圣曾子、述圣子思子、亚圣孟子等。欲推进文化自信,就必须文化自知;要了解中华民族文化,不了解"儒家五圣"几乎不可想象。

## 一

孔子把人分为五类:庸人、士人、君子、贤人、圣人。在孔子心目中,圣人的德行合于天地之道,圣人能统物通变,推究万事规律,协调万物机理,广布道艺,成就物性。圣人与日月齐辉,化行天下如同神明,普通人未必了解他的德行,见到他的人也未必能看出他的卓异。这样的人就是圣人。按照孟子的说法,圣人代表人格追求的最高标准。他说:"圣人,人伦之至也。"

孔子、孟子等曾以"君子"自许,却没有以"圣人"自居。例如,有人称孔子为"圣"为"仁"时,孔子谦卑地说:"圣与仁,我哪里敢当!我只不过朝着这样的方向努力而不满足,教诲别人而不觉疲倦罢了。"也许,"学而不厌,诲人不倦"正是圣人的高度,他们在追寻圣道的路上一定会发愤忘食、乐以忘忧。然而,在弟子后学心目中,孔子等人已经达到"圣"的境界,例如子贡常称孔子为"圣人",称赞孔子"固天纵之将圣,又多能也"。

子贡所说"固天纵之将圣",很值得玩味!孔子当然不认为自己生而知之,而是说自己年少贫贱,"多能鄙事",由此成就了自己。这仅是问题的一个方面。任何人的成功都是主客观多种因素造成的。孔子及其弟子后学颜子、曾子、子思、孟子出现在衰周之际、成就于泰山之阳的洙泗之域,恰是时势所造,而这个"时势"就是子贡说的"天"。有人慨叹"天不生仲尼,万古长如夜"(《朱子语类》),天生至圣孔子,天生儒家群圣,这是中华文化之"天"培育的丰硕成果,是天地自然送给中华民族的宝贵礼物!

"儒家五圣"是儒学的创立者、定型者。基于儒学的特性及儒学在中华优秀传统文化中的地位,他们不仅属于儒家,更属于整个中华民族乃至整个人类。他们构建并承载了中华民族的价值观念。"儒家五圣"的思想孕育于邹鲁、形成在周代,历史渊源悠久,文化积淀深厚。

## 二

能看见多远的过去,才能看清多远的未来——往回看恰是为了向前看。如果不理解孔子"述而不作"的文化观,不理解孔子"祖述尧舜,宪章文武"的丰富内涵,就很难读懂孔子儒学。"儒家五圣"承载了他们以前中华文化的发展,其思维高度与深度联结了古代中国历史发展的长度和宽度。必须清楚,孔子继承了周代以前的王官学传统。要准确把握中国文化精神要义,就要知道它与上古三代文化的关系。

儒学产生前,"儒"早已存在。商朝甲骨文中的"儒",像以水冲洗沐浴濡身。"儒"的早期字形可隶定为"需","需"通"濡",它应该就是儒的本义。汉代有时依然把"儒"写成"濡",汉碑中就有"少以濡术"的用法。最初,在进行礼仪活动(如祭祖宗、事上帝等)时,儒要斋戒沐浴,盛服逢迎,以此致孝敬之心,故孔子说"儒有澡身而浴德"。孟子说,"虽有恶人,斋戒沐浴,则可以祀上帝",大意也是如此。孔子创立的"儒学"与原始的"儒"都有改变、教化之意，儒家则不仅通过斋戒沐浴致其诚敬，而且更关注世道人心，希望社会和谐。

关于儒学的产生，《淮南子·要略》说："孔子修成、康之道，述周公之训，以教七十子，使服其衣冠，修其篇籍，故儒者之学生焉。"西周初年，周公辅政成王。成王之后，康王继位。《史记·周本纪》记载："成康之际，天下安宁，刑错四十余年不用。"孔子研修"成康之道"，传述"周公之训"，教授生徒，创立了儒学。《汉书·艺文志》载："儒家者流，盖出于司徒之官，助人君顺阴阳明教化者也。游文于六经之中，留意于仁义之际，祖述尧舜，宪章文武，宗师仲尼，以重其言，于道最为高。""司徒之官"为"周礼六官"之一。孔子继承尧、舜、禹、汤、文、武、周公，孔子以后的儒家则以孔子为宗师，这就明确道出了儒学与官学的联系。

周文化继承了夏、商文化，正如孔子所说"周因于殷礼""殷因于夏礼""周监于二代"。周代教育有"小学""大学"之别。小学谓"小子之学"，大学谓"大人之学"。"小子之学"是教小孩子的，"大人之学"是成人教育。"小子之学"旨在学习洒扫、应对、进退之节，学习礼、乐、射、御、书、数之文；"大人之学"旨在学习穷理、正心、修己、安人之道，学习修身、齐家、治国、平天下。《大戴礼记·保傅》称"小学"是"小艺""小节"；到十五岁左右，"束发而就大学"，学习"大艺""大节"。孩子懂事了，就可以学习天地自然、社会人生的道理，故孔子说："自行束脩以上，吾未尝无诲焉。"东汉郑玄注释"束脩"，谓年十五以上。孔子所教，正是穷理正心、修己安人的"大学"，所以如有十五岁及以上年龄的青年人来求教于他，他都加以教诲，这正体现了他"有教无类"的教育思想。

孔子家学与周代官学具有直接联系。从内容看，孔子继承了周代以来的教育传统。《礼记·王制》载："乐正崇四术，立四教，顺先王《诗》《书》

《礼》《乐》以造士。春秋教以《礼》《乐》，冬夏教以《诗》《书》。""孔子以诗书礼乐教"（《史记·孔子世家》），"兴于《诗》，立于礼，成于乐"（《论语·泰伯》）。由此可知孔子家学的内容与官学基本一致。

孔子逝世后，弟子们"散游诸侯"，按照《史记·儒林列传》的说法，"大者为师傅卿相，小者友教士大夫"。在弟子们的共同努力下，孔子学说被发扬传播到各地。尤其是在齐、鲁两国，儒家之学得到了很好的传承，其中最为突出的是在齐国威王、宣王之际，"孟子、荀卿之列，咸遵夫子之业而润色之，以学显于当世"。

## 三

孔子是守正创新的典范。他强调要继承前代而有创新——"温故而知新，可以为师矣"。弟子有子也说"因不失其亲（新），亦可宗也"。孔子之所以可"宗"可"师"，是因为他正确处理好了继承与创新的关系。创新离不开继承，要以继承为前提；继承是为了创新，是为了更好地创新。守正不是教条主义、本本主义的保守，创新不是无原则、无基础的求新。例如，对"礼"的传承，礼的形式可以"因"，可以因循继承，也可以根据时代的变化适时"损益"，但礼的内在精神不可轻易改变，故孔子说"虽百世可知也"。

中华礼乐文化是源于天而根于心的。礼乐传统是中华文化传统的荦荦大端，在中华民族跨进文明的门槛时，礼乐文化已同时发轫并日渐成熟。夏、商、周三代礼制因革损益，周礼则具有了很高的水准。作为一种人文成果，周礼合于天地，顺乎人情，具有"别嫌疑，明是非，定犹豫"（《史记·太史公自序》）的功能。"夫礼者，理也"（《孔子家语·论礼》），"礼也者……理万物者也"（《礼记·礼器》），中华文化以爱与敬为"至德要道"（《孝经》），将爱敬精神植根于基于父子兄弟亲情的孝悌之道，推衍而贯穿于整个礼乐精神之中。

中华传统文化最重一个"正"字,讲公正、讲诚正、讲中正,主张正而刚直、正而不私、正而不阿。孔子说"政者,正也",为政者首先要考虑"其身正",由为政者的"正"引导全社会的"正"。儒学是"正心"之学,它要求人们"思无邪"(《论语·为政》),希望世人端身、正己、守一以止。从很早的时期开始,中华先哲就思考正义问题,"儒家五圣"也无一不致力于研究明德新民、止于至善。礼乐文化从神圣、德性、程序、器物等向度确定权力的合法性、合理性,以"天命"为参照,在整体中定位。中国古代王朝常借助一些仪式表示自己"奉天承运",这同样源于对自身政权天命合法性的追求。在儒家的语境中,君子"贵乎天道"(《孔子家语·大婚解》),"不知命,无以为君子也"(《论语·尧曰》),所以儒家特别强调"畏天命,畏大人,畏圣人之言"(《论语·季氏》)。

中华文化像一棵生生不息的生命之树,它的根扎得很深很牢。只有准确认识和估价中国古代文明的发展水平,才能理解和把握中华先哲的深邃智慧和文化创造。中国先民认知世界,以天地为师,着眼古往今来,关注四方上下。在中华早期文化典籍中,"天下""万方""四海"之辞层出不穷,这源于中华文明的天下观、世界观、整体观、系统论。在与世界的互动中,中国先民深刻理解"道弥益而身弥损""天道成而必变"(《孔子家语·六本》)之类的哲理,特别注重天人合一、与时偕行;"注焉而不满,酌焉而不竭"(《庄子·齐物论》),当位而行,"允执厥中"。

孔子一生求道,创立了儒学,追求"道"的实现。《汉书·艺文志》说,儒学"于道最为高"。孔子教授生徒,希望成就他们的"文德"(《孔子家语·弟子行》)。他强调士人要"志于道",自称"吾十有五而志于学"(《论语·为政》)。孔子追求的"道"一以贯之,这便是曾子概括的"忠恕"(《论语·里仁》),即"己所不欲,勿施于人""修己以敬""修己以安人"。

## 四

说到中华圣人,我们一定不能忘记周公。我们要知道,孔子是"接着周公说"的,这一点极其重要!周公"经天纬地""制礼作乐",建立了中国礼乐文明的大厦。可是,孔子之时却"礼坏乐崩",孔子希望扶礼乐大厦之将倾,但礼乐"崩坏"的局势已经无法挽回,他只好认真学习周公,研究礼乐制作,思考文明机理,阐发周公思想。孔子和早期儒家群体"述周公之训"而创立儒学。如果追问孔子最尊敬、对孔子影响最深的人,此人当然非周公莫属。孔子晚年曾说:"甚矣吾衰也!久矣吾不复梦见周公!"(《论语·述而》)周公可谓是令孔子魂牵梦绕的一个人,后人尊孔子为"至圣",而以周公为"元圣"!

曲阜周公庙元圣殿有清朝人撰写的楹联——"官礼功成宗国馨香传永世,图书象演尼山统绪本先型",它揭示了孔子儒学与周公的密切关系,体现了周公对孔子的巨大影响。在孔子所在的鲁国,"先君周公制周礼"几乎成为人们的口头禅。孔子时,周代典籍尚在,孔子能看到更多的周代遗制,这使他有条件"法则周公"。

《论语》中两次记述孔子入太庙"每事问"(分别见于《论语·八佾》《论语·乡党》)。"太庙"即鲁周公庙。对于不懂的礼制、礼仪、文物,孔子实事求是、虚心求教。他还到洛邑(今河南洛阳)游历访问,参观了那里的重要政治文化设施,流露出对周朝制度的向往。他倾心仰慕周公,经常引用周公名言,对周公的赞美常常溢于言表。他熟悉周公事迹和"周公之制",认为"周公之典"就是后世行事的法度。孔子"适周问礼",至洛邑向老子请教"礼",很可能就是学习《周礼》。《周礼》是国家层面的制度设计,不需要一般人研习阅读,为天子以及王公大臣所明、所知即可。不过,它可能是通过孔子的论述与传播而流传下来的,也有可能影响到了汉代的礼制。

作为政治家、思想家,周公奠定了周朝八百年基业,把我国的古代文明推向新的巅峰,他也是中国儒学的先驱,其"敬德保民"的思想是儒家学说

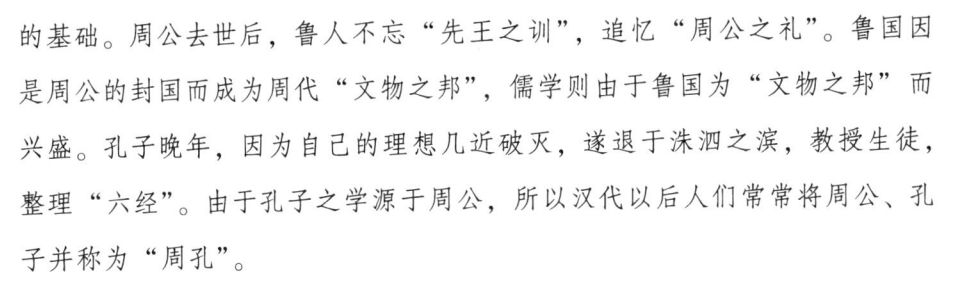

的基础。周公去世后,鲁人不忘"先王之训",追忆"周公之礼"。鲁国因是周公的封国而成为周代"文物之邦",儒学则由于鲁国为"文物之邦"而兴盛。孔子晚年,因为自己的理想几近破灭,遂退于洙泗之滨,教授生徒,整理"六经"。由于孔子之学源于周公,所以汉代以后人们常常将周公、孔子并称为"周孔"。

鲁国为东方的宗周模式,担负着传播宗周礼乐文明的使命。在周王朝治国政策的贯彻上,鲁国堪为典范。周公的重民保民、明德慎罚、勤政任贤等主张,在鲁国当政者身上都有明显体现。当然,说鲁国为"宗周模式",绝不是说鲁国完全排除其他文化因素而全盘周化,而是说鲁国在政治统治上是周王朝在东方的代理人,周代礼制在鲁国上层贵族中被完整存续。

"儒家五圣"全部出自"邹鲁"的深层原因正是这里文化积淀丰厚。作为地理概念,"邹鲁"本指邾国、鲁国这一地区。两周时期,邾国、鲁国相邻,鲁国是孔子故国,邾国又称邾娄、邹、驺等,为战国时期孟子所在的国家。战国时代,邾国称邹,这里受儒家文化的濡染,孔子之孙子思也到邹地讲学,孟子迁邹更增添了这里的儒学氛围,邹穆公也因此接受了孟子的进谏,施行"仁政"。这一时期,孟子四处奔走,宣传自己的思想主张,他在齐国甚至"后车数十乘,从者数百人"(《孟子·滕文公下》),浩浩荡荡,场面宏大。孟子以前,邹、鲁连称,可能仅是因地理位置相近、土地相接。孟子以后,因为孟子影响巨大,从儒家学术文化的角度,人们不仅将"邹""鲁"合称,还把"邹"放在"鲁"的前面而称"邹鲁"。

《史记·货殖列传》载:"邹、鲁滨洙、泗,犹有周公遗风,俗好儒,备于礼,故其民龊龊。颇有桑麻之业,无林泽之饶。地小人众,俭啬,畏罪远邪。"这段话大致概括了邹鲁文化的基本特征或品格风貌。在儒家文化的熏染下,邹鲁之地好儒重礼,民风淳厚,百姓安居乐业,恭谨礼让,简朴本分。在儒生的宣传下,洙泗之域的邹鲁文化影响很大,传承久远。

## 五

"儒家五圣"当然是指孔子、颜子、曾子、子思子、孟子五位圣人。因为他们身上承载着中国思想文化,所以他们也是中华文化、中国智慧的代表。他们在中国文化中的意义或与苏格拉底在西方文化中的意义有所不同。德国哲学家雅斯贝尔斯提出了"轴心时代"理论,认为儒学代表了中国文化的"突破"。这固然没有太大问题,但他没有注意到孔孟学说在中国古代文化中的"集成"特点,低估了孔子以前中国文明的发展水平。正如李学勤先生所言:"古书里说得很清楚,在孔子以前有一个很长的学术传统。我们以前读书的人总要读《汉书·艺文志》,《汉书·艺文志》讲'诸子出于王官',诸子都是从王官而来。"诸子之学出于"王官",以孔子儒家最为明显。

孔子家学教育与周代官学教育一致。孔子说"兴于《诗》,立于礼,成于乐"(《论语·泰伯》),"儒家五圣"都十分注重个人修养,这是儒家思想的突出特色。孔孟之道是社会治理之道,孔孟之道说到底也是人之为人的修身之道。孔子说"修己以敬""修己以安人""修己以安百姓"(《论语·宪问》)。曾子说"吾日三省吾身",认为孔子学说一以贯之的是"忠恕"之道。子思学于曾子,将孔子、曾子思想发扬光大。郭店楚简的发现为我们认识子思学说提供了珍贵资料。郭店楚简中关于心性问题的论述给人留下了深刻印象。

在"儒家五圣"中,孟子殿后。"心"字在《孟子》一书中竟出现120多次,它与"身"构成了对立统一的关系。"修心"与"修身"一致,就像《大学》强调"自天子以至于庶人,壹是皆以修身为本","欲修其身者,先正其心","心正而后身修"。《庄子·天下》纵论天下学术,认为学术有"道术"与"方术"的分别。道术在"六经"之中,其内圣外王之道"邹鲁之士、搢绅先生多能明之","百家之学时或称而道之"。庄子把"百家之学"与"邹鲁之士、搢绅先生"区别开来,认为儒家是特出于百家之外、之上的!

两千多年过去了，儒家的"修己"学说愈发显现出它的价值与意义。当人们进入文明时代、形成社会共同体以后，必要的规范便应运而生。那么，"规范"或者"规则"是靠"强制执行"还是靠"自觉遵守"，这恐怕就是一个社会文明发展水平的重要体现了。在蒙昧时代，人们敬畏天命、鬼神，惧怕天命、鬼神的惩罚。随着社会文明程度的提高，"人"的因素越来越重要，人们更多地思考怎样保证"规范"或者"规则"得到执行、得到遵守。在这方面，儒家思考的结果是人们加强修养、自觉修己。儒家的有关论述很多、很丰富，而"正心修己"一直是儒家教化不变的目标。

从孔子到孟子，"儒家五圣"思考社会之"治"，从"天理"与"人欲"的关系出发，希望人们克己反躬，从而明道守礼。《礼记·乐记》谈道：人生而静，感于物而动，如果"好恶无节"，为外物所化，就会出现极其严重的后果。因此，如何使"自然人"顺利成长为合格的"社会人"，实现"自然性"与"社会性"的协调统一，就成为人们思索的中心问题。基于此，"儒家五圣"都推崇"先王"，思考"人心"与"道心"，从而要求人们持正守中。他们认为，人要区别于其他的动物，就应当明礼义、守礼仪，"无理不动"。

"儒家五圣"之学就是"仁爱"之学，就是"为己之学"，是"人之为人"的大学问。大学之教，教人穷理正心，教人明其明德，彰显人性的光辉。孟子用善的眼光观察人与世界。孟子"道性善""言性善"，以恻隐之心、羞恶之心、辞让之心、是非之心为仁、义、礼、智之端，主张放大善性。他的逻辑非常清晰：人有善性，为什么不放大善性呢？只有人成为更完善的人，社会才能走向至善。

## 六

将"儒家五圣"作为一个整体进行观照，是为了更好地看清中华传统文化的特性。这正如走进文庙，走进大成殿，直接走到孔子与"四配"的跟前，这里是中国儒学的"核心地带"。

"至圣"孔子，思接千载，济古维来。他"祖述尧舜，宪章文武"，好学而博学，建立了中国文化的理想，指示了中国历史的进程。孔子以后，历代儒家包括颜子、曾子、子思、孟子在内，无不"宗师仲尼"，继承光大了孔子的思想学说。如果说以"儒家五圣"为代表的早期儒家群体是中华传统文化的高地，那么孔子就是这块高地上的高峰。我们需要直面由于近代中国衰败给孔子儒学带来的一些认识上的迷茫，正本清源地认识中国儒学，理解孔子学说。只有这样，才能在中国融入世界的过程中，在中国文化与世界文化的对话、交流、融通中，让孔子乃至"儒家五圣"所代表的中国，愈加清晰地展现它的丰姿与魅力。

"复圣"颜子，孔子厚望所寄，可他先孔子而逝。颜子"卓冠贤科"，"优入圣域"，"无伐善，无施劳"，"不迁怒，不贰过"。他好学乐道，持中守仁，德性高超，境界非凡。"夫子言终日，不违若愚蕴大智；子贡论孰愈，闻一知十称弗及。"正如孔子故里的孔、颜师徒之庙宇，它们近在咫尺、如影随形，似乎暗合了《庄子》所说的"亦步亦趋"之义。颜子死，"子哭之恸"。他"天丧予！天丧予！"的哀痛中蕴含着对颜子的高度认同与期许，体现了孔子的悲伤与绝望。颜子英年早逝，但他格局之大、境界之高，让后人敬仰与景从。

"宗圣"曾子，与父亲皆入孔门，与孔子契合，得孔子真传。他领悟到孔学真谛，理解孔子"一以贯之"之道。曾子在孔子去世后主持孔门，汇聚孔子遗说，弘扬孔子之道。曾子传《孝经》，述《大学》，在学说深度、思想格局上，堪称"宗师仲尼"的典范。保存在《大戴礼记》中的"曾子十篇"近年来颇受重视，对了解曾子思想与孔子学说的关系具有十分重要的价值。曾子影响了子思和孟子，是儒家道统的传递者，在孔门弟子中具有特殊地位。二程（程颢、程颐）曾说："孔子没，曾子之道日益光大。孔子没，传孔子之道者，曾子而已。"

"述圣"子思子，在湖北郭店楚简发现之前，他作为伟大的思想家几乎被历史尘埃湮没。但实际上,作为儒学大师,子思被尊为"述圣"毫不为过。他受孔子的直接教导,又受业于曾子,思想深邃,成就巨大。作为孔子裔孙,子思有特殊的使命担当,他搜集整理孔子遗说,把"亲闻之"和"闻之于人"(《孔丛子·公仪》)的孔子言论集辑起来,保存了孔子与弟子时人交相问答的大量论述。即使是片言只语,对于后世来说也十分珍贵,更何况这些孔子遗说数量可观,是留给中华民族乃至全人类的宝贵财富。"天不生仲尼,万古长如夜",没有子思,灯烛何以点亮?更重要的是,《论语》《孔子家语》的撰集也都与子思有直接关系。

"亚圣"孟子,世人以"孔孟之道"代指中华圣道,彰显了孟子的历史地位。孔子之后,儒分为八,有子思之儒、孟氏之儒等。孟子学于子思之门人,传承发扬了孔子、子思的思想,因此有"思孟学派"之说。郭店楚简、帛书《五行》篇等的发现,为我们认识思孟学派提供了宝贵资料。在子思之学补缺孔孟之间的学术链条之后,孟子的思想研究也有了更好的凭依。孟子通五经,明圣道,拒斥异端邪说,光大孔子思想。司马迁说孟子"述仲尼之意",精准概括了孟子在弘扬孔子学说方面的巨大历史功绩。

编写"儒家五圣"丛书的初衷,是希望通过系统阐述"儒家五圣",讲清楚他们的文化传承、思想内涵与价值影响。不言而喻,对于"儒家五圣",学者们之前无不进行过关注和研究,但由于历史的、学术的、资料的种种限制等,人们希望能有立足学术前沿、正本清源、整体系统阐发"儒家五圣"之历史文化的著作。因为"儒家五圣"代表的是中华文化,只有系统了解、深入研究、准确把握、论述到位,才能呈现出中华文化的深厚底蕴与卓越风貌。但长期以来,由于疑古思潮盛行,中国学术思想研究受到负面影响。因此,就"儒家五圣"的整体而言,其研究与呈现还不餍人望。

本丛书以"儒家五圣"为中心展现中国古代文明、中华优秀传统文化的形成与内涵,进而展现中华文化的价值意义。但这样的阐发有一定的难度,例如,如何准确理解孔子被孟子称为"集大成";"诛少正卯""适周问礼"

等疑案的真相如何；颜子"不违如愚"对应着他对孔子思想怎样的体认；曾子对孔子所说的"吾道一以贯之"有怎样的领悟；子思对"诚者，天之道"有怎样的认识；孟子对孔子学说发展的高度与境界有何贡献，等等。回答这些问题，都需要对中华文化有系统理解、整体认知与宏观把握，要讲清楚并不容易。

    本丛书是我们探寻上述问题的一次尝试，观点是否允当，敬请读者批评指正！

杨朝明

2023 年春节于曲阜圣水苑

# 目　录

总序一／1
总序二／1

第一章　颜子的家世／1
　　一、上古帝王：从黄帝到晏安／3
　　二、古邾国君：从曹侠到夷甫／6
　　三、鲁国大臣：从颜友到颜路／9

第二章　青少年时期的颜子／11
　　一、师从孔子　卓冠贤科／15
　　二、西游于宋　娶妻戴氏／20
　　三、东野御马　以御谏政／22
　　四、亦步亦趋　追随孔子／24
　　五、关于颜子读书的逸事／26

第三章　在卫国时的颜子／31
　　一、善识鸟音　以音知事／32
　　二、志于大舜　心向大同／34
　　三、匡地被围　矢志不渝／39
　　四、革故鼎新　因时而变／40

## 第四章　离卫之后的颜子 / 43

一、跟随孔子　逃离宋国 / 45

二、天下永宁　各乐其性 / 46

三、陈蔡被围　时穷节现 / 49

四、颜子攫甑的故事 / 51

五、颜子占筮的故事 / 53

## 第五章　孔子返鲁之后的颜子 / 55

一、西游于卫　东游于齐 / 56

二、用之则行　舍之则藏 / 59

三、请益师友　谈学论道 / 63

## 第六章　颜子英年早逝 / 69

一、习易知微 / 70

二、维护师门 / 75

三、英年早逝 / 82

四、历代祀封 / 87

五、关于颜子逝世原因的种种猜测 / 95

## 第七章　颜子的圣人境界 / 99

一、颜子的德行品质 / 100

二、颜子的成仁之道 / 108

三、颜子的生命境界 / 119

## 第八章　颜子对后世的影响 / 129

一、战国时代颜子影响下的"颜氏之儒" / 130

二、南北朝颜之推《颜氏家训》的家庭教育思想 / 135

三、唐代忠烈传家、书香继世的琅邪颜氏家族 / 145

四、明代平民儒学家颜钧的"大中学庸"哲学 / 150

五、清代思想巨擘颜元匡世济民的实学理论 / 154

六、清代初期"颜氏一母三进士"的文学成就 / 158

七、清代中期颜伯焘祖孙三代的政德思想 / 163

## 附　录 / 168

一、历代帝王对颜子的祀封 / 168

二、历史名人对颜子的赞颂 / 175

三、颜子年谱新编 / 188

## 参考文献 / 208

## 后　记 / 215

# 第一章 颜子的家世

颜子

在中国古代社会很长一段时间中，颜子是地位仅次于孔子的圣贤。在中华文化史上，孔子与颜子是一体的。孔子被尊为至圣。元代之前，颜子被尊为亚圣。元代至顺元年（1330），元文宗封颜子为"兖国复圣公"，封孟子为"邹国亚圣公"。虽然孟子成为继颜子之后"新"的亚圣，看似取代了颜子的封号，但这并没有削弱颜子的地位。实际上，元文宗通过改封"复圣"进一步提高了颜子的地位，因为"复圣"即圣人的复现。孟子继承孔子、颜子之学并进行了发展。颜子居于四配之首，所以研究孔子、孟子都离不开颜子。颜子为什么具有如此崇高的地位呢？下面首先从颜子的家世说起。

## 一、上古帝王：从黄帝到晏安

颜氏之先出自黄帝。《陋巷志》载："黄帝生昌意，昌意生帝高阳，帝高阳生称，称生卷章，卷章生吴回，吴回生陆终。陆终生六子：一曰昆吾，其国卫也；二曰参胡，其国韩也；三曰彭祖，其国徐也；四曰会人，其国郑也；五曰晏安，其国邾也；六曰季连，其国楚也。"黄帝是中华民族的人文始祖。据司马迁《史记·五帝本纪》记载，轩辕黄帝生而神灵，幼年时就能言善辩，而且道德情操高尚，长大后更是敦厚聪敏。据说他出生于寿丘（今属山东曲阜），迁都于有熊（今属河南新郑），因国为号，称"有熊氏"。因为他发明了轩冕，故被称为轩辕。又因他以土德称王，土色为黄，故被称作黄帝。他联合炎帝，打败了由蚩尤率领的九黎族，代神农而成为部落联盟的首领。传说黄帝打败蚩尤后，又与炎帝在阪泉发生三次大战，黄帝统率以熊、罴、貔、貅、虎等野兽为图腾的氏族参加战斗，打败了炎帝部落，进入黄河流域。经过很多次大规模的氏族战争，处于母系氏族社会晚期的中原诸氏族都归顺了黄帝。黄帝部落的势力不断壮大，其活动范围大致在今山东、河南、河北、甘肃、湖南等地域。黄帝部落取得胜利后定居中原，为中华民族的形成

图 1-1　轩辕黄帝像

奠定了基础。后人把许多发明创造都视作黄帝的功绩，说他用玉作兵器，造舟车弓箭，染五色衣裳。他让妻子嫘祖教人民养蚕。他命令大臣仓颉造文字、大挠造干支、伶伦作乐，等等。虽然这些传说不一定全是史实，但我们由此可以知道黄帝时代生产工具的巨大进步。

黄帝娶西陵女嫘祖为正妃，生二子，长子玄嚣，次子昌意。昌意降于若水，娶蜀山氏女昌仆为妻，生高阳。因高阳有圣人之德，黄帝逝世后，高阳得以为帝。高阳就是颛顼。颛顼性格沉稳、广有谋略，大智若愚、行事谨慎，上观天象，下察人事，教化人民，祭祀四方，因此四海之内的百姓纷纷归顺。高阳传至晏安，晏安的封国是古邾国。"晏安为曹姓，历唐虞夏商不能纪其传。"下面我们简要叙述一下西周的建立和发展情况，以便大家了解古邾国的历史和颜氏家族的发源。

据传，夏、商、周三代的统治者都是黄帝的后裔。夏、商、周三代王朝都是历史悠久的古老部族建立的。当夏王朝和商王朝在中原地区创造辉煌灿烂的中原文明时，周人部落还是一个偏居渭河流域的弱小部落。他们在部落首领古公亶父的带领下，来到陕西岐山脚下的周原定居，开垦土地，建立居所。这里地势平坦、降水丰沛、土壤肥沃、温暖湿润，非常适宜农业生产，为日后周王朝的兴盛奠定了坚实基础。古公亶父经过观察，认为季历的儿子姬昌具备王天下之才，于是有意传位于小儿子季历。姬昌就是周文王，他继承父祖遗志，笃行仁义，礼贤下士，在姜尚的辅佐下，延揽人才，为成功灭商做了大量的准备。到了周武王时代，继续东进，迁都镐京（今属陕西西安）。而在商朝都城朝歌（今属河南淇县），商纣王夜夜醉生梦死，荒淫至极，忠臣比干被剖心，王叔箕子被囚禁，庶兄微子不被重用，君臣离心离德。

黄帝
↓
昌意
↓
高阳
↓
称
↓
卷章
↓
吴回
↓
陆终
↓
晏安
↓
……（历唐虞夏商不能纪其传）
↓
曹侠（挟）

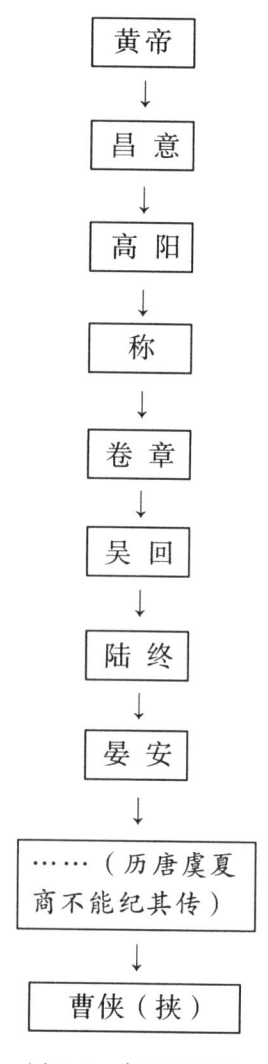

图1-2 颜子的家世传承：从黄帝至曹侠

相比于商纣王的腐朽堕落，周武王则为政以德、招揽贤才、励精图治，终于在公元前1046年从镐京出发，行军20余天，在盟津（今属河南孟津）与前来助战的诸侯会合，6天后到达商都朝歌郊外的牧野。周武王在甲子这一天占领了朝歌。牧野决战仅用时一天，周王朝摧枯拉朽，势不可当。事实上，周武王率领的军队只有兵车300乘，士兵不足5万人，而商纣王则组织了数十万大军应战。为了获得胜利，周武王向商人宣称是商纣王的残暴荒淫使上天改变了心意，他诛伐的只是商纣王一人，而非全体商人，他希望商人接受周人的统治，安居乐业。在克商后两年，周武王在镐京病重。临终前，他召见弟弟周公旦，把年幼的太子诵托付给周公。被周武王分封于殷的商纣王之子武庚和管叔鲜、蔡叔度联合东方的夷人叛周。周公东征，平定叛乱，使周朝的统治扩展到东方。周朝大规模分封同姓与异姓诸侯，据记载，周朝先后分封的诸侯国众多，最主要的有13个，其中姬姓国8个，异姓国5个。姬姓诸侯的分封情况如，封武王之弟周公旦于鲁，封武王之子唐叔虞于晋，封武王之弟康叔于卫，封武王之弟蔡叔度于蔡，等等。异姓诸侯的分封情况如，封文王、武王师太公姜尚于齐，封商纣庶兄微子启于宋，等等。微子启被封到宋国，由商朝的王室变为周朝的诸侯，他就是孔子的先祖。周武王统一天下后，为巩固统治，封古邾国晏安的后裔曹侠（挟）为邾子。曹侠正是颜子的先祖。

西周最后一个君主周幽王荒废朝政、重用小人、排斥贤臣，尤其是宠爱褒姒达到无以复加的程度，相传多次上演"烽火戏诸侯"的闹剧。后来，申侯联合犬戎攻周，西周灭亡。公元前770年，登上王位的周平王宜臼在诸侯的帮助下，迁都洛邑，此为东周之始。东周分为春秋和战国两个阶段，春秋时期起于公元前770年，止于公元前476年；战国时期起于公元前475年，止于公元前221年。春秋时期王室衰微，周天子有共主之虚名，实际控制力却越来越弱，强国不断兼并弱国，诸侯蜂起争霸。宗周故地已经宗庙尽毁、满目疮痍，再也无法回到西周初年文武之治的巅峰时期。在此后200多年中，周王所能控制的范围也仅限于洛邑周边，各诸侯国不再向周王进贡，周王不得不向各诸侯国伸手要车、要粮，尊严尽失。"溥天之下，莫非王土；率土之滨，莫非王臣"的强大而统一的时代结束了，取而代之的是群雄逐鹿、武力争霸的战国时代。大大小小的诸侯国相互征伐，至春秋末年，周初分封的众多诸侯国仅剩下几十个，由此可见当时诸侯纷争之残酷。

# 二、古邾国君：从曹侠到夷甫

古邾国在上古时期就已存在，曾经是一个灿烂辉煌的国度，文化璀璨，幅员辽阔，大致占有今邹城、滕州西部、枣庄、费县西部、济宁东部、微山北部的广大地域，是当时的一个重要国家。周武王统一天下后，为巩固自己的统治，大举实行"兴灭国，继绝世"的政治措施，复兴被灭亡的国家，接续濒临断绝的世族，于是封古邾国晏安的后裔曹侠（挟）为邾子。

《陋巷志》载："侠（挟）生非，非生成，成生车辅，车辅生将新，将新生訾父，訾父生夷甫。"夷甫，字伯颜，自曹侠受封，传至夷甫已是七代七君。此时，姬姓鲁国在位的君主为鲁懿公姬戏。鲁懿公姬戏是鲁武公的次子，因受周宣王姬静的偏爱，被立为鲁君。鲁懿公九年（前807），鲁武公长子括的儿子伯御策动鲁人攻杀鲁懿公姬戏，伯御以长孙的身份，自立为鲁君。伯御在位十余年，周宣王举兵伐鲁，杀伯御，立姬戏的弟弟姬称为鲁君，即鲁孝公。在周宣王姬静举兵征伐自立为鲁君的伯御时，与鲁国相邻的邾国受王命，协助周王师讨伐伯御。邾国国君夷甫因有功于周王室，被周宣王封为

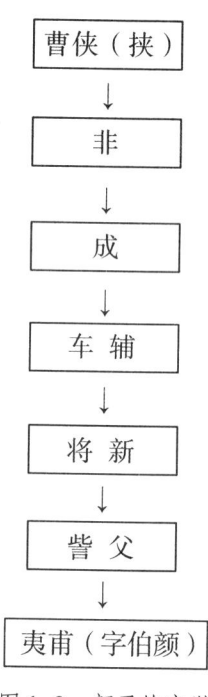

曹侠（挟）
↓
非
↓
成
↓
车　辅
↓
将　新
↓
訾　父
↓
夷甫（字伯颜）

图 1-3　颜子的家世传承：从曹侠至夷甫

公爵，故《公羊传》称夷甫为颜公，因卒谥"武"，故又称邾武公，此时距离周武王始封曹侠大约200年。

颜氏得姓于颜子的第十八世祖——邾武公夷甫的字。历史上第一个以"颜"为姓氏的人，是夷甫的次子颜友。夷甫有二子一弟，长子夏父，次子友，弟弟叔术。夷甫之后，邾国一分为三：邾国、小邾国和滥国。夷甫的长子夏父承袭其爵位及曹姓邾国的君位。邾国故城在今山东邹城峄山之阳，滥国故城在今滕州市羊庄镇。邾国传二十九世，在战国末期灭亡。夷甫的次子友别封于郳，国名小邾，子爵。小邾国都城位于今枣庄市山亭区西集镇东江村一带。小邾国东邻鲁国，西部、北部与邾国接壤，西南紧邻叔术建立的滥国。颜友被封于小邾后，对公爵曹姓邾国来说，已是另一支派，于是根据当时的惯例，以其父邾武公夷甫的字"颜"为氏，《颜氏族谱》称友为颜友，这就是颜姓的起源。

图1-4 小邾国故城遗址公园

西周晚期，小邾国从"母国"邾国分离出来，成为独立的诸侯国，得以立国500多年。在此期间，小邾国因其"母国"有功于周宣王，受封为鲁国的附庸国，能够分地建国，得立宗庙，祭祀祖先。在战乱频仍之际，小邾国调整外交策略，多次追随霸主齐国勤王后，得齐桓公之请王命，晋升为子爵国。小邾国在受周王室分封时最为强盛，其疆域大体范围为现在的枣庄市山亭区全部，东达临沂市苍山县（今兰陵县）西部，北达临沂市平邑县、费县南部，西达滕州市中部，南达枣庄市峄城区，南北长约55公里，东西宽约45公里，面积约2475平方公里。

　　进入春秋时期之后，小邾国与其他诸侯国的交往日渐频繁，特别是与鲁国的交往最为密切。小邾国北部有齐、鲁、邾，东部有莒、鄫、向，南部有偪阳、邳，西部有宋、薛、滕、任等，尤其是齐、晋、宋，常常虎视眈眈、恃强凌弱。小邾国因国小力弱，不免处于被动地位。在春秋时期，小邾国先是沦为宋国的附庸国。在齐桓公称霸时，小邾国听命于霸主，积极追随齐国，被周天子封为子爵国，但仍常受到宋国的欺凌。齐桓公死后，晋国成为中原霸主，小邾国又依附于晋国，多次参与晋国发起的征伐会盟。春秋时期，鲁国虽然国势日衰，但由于保存着丰富的礼乐文化，有着很强的文化向心力，因此在诸侯国中有着较大的影响。从现存历史记载看，小邾国的国君曾在庄公五年（前689）、僖公七年（前653）、襄公七年（前566）、昭公三年（前539）、昭公十七年（前525）5次朝鲁，鲁国亦以诸侯之礼相待。鲁国是小邾国重要的姻亲国，"三桓"之一——季武子的女儿就嫁与小邾穆公。2002年山东枣庄小邾国墓地出土的正叔簠和鲁宰駴簠证实了这一点。据《春秋》记载，小邾国在公元前571年至公元前562年曾随同鲁、晋、宋、卫、曹、齐、莒、邾、滕等国讨伐郑国；公元前559年，小邾国曾随同鲁、晋、齐、宋、卫、郑、曹、莒、邾、滕、薛等国讨伐秦国；公元前506年，小邾国曾随同鲁、刘、晋、齐、宋、卫、郑、曹、莒、邾、滕、薛等国攻打楚国。由此可以看出小邾国与鲁国的密切关系。2002年，在小邾国贵族墓葬中发现青铜箭头129枚，由此可以推测，小邾国在春秋时期具有一定的军事实力。

## 三、鲁国大臣：从颜友到颜路

颜友初为小邾国国君时，由于国小力弱，不得不受鲁国的节制。就小邾国本身而言，也需要依靠鲁国的支持以保证国家的安定，小邾国遂成为鲁国的附庸国，所以颜友的后人多在鲁国任职。为便于在鲁国任职，小邾国的贵族们便迁至鲁国都城曲阜居住，其后人也就成了鲁国人。根据当时的体制，颜姓君主在小邾国为国君，但在鲁国是臣子，是有封地的鲁国大夫。颜氏家族成了地位仅次于姬姓的鲁国望族。小邾国虽然是鲁国的附庸国，但本质上是有封地的子爵国，因此得立"庙""学"。"庙"供祖先，以示不忘本源，祈求先祖神灵保佑；"学"育人才，以保恪守祖训，教诲子弟，教化百姓。颜友的曾孙郳黎来曾重建小邾国国学，使郳国国学扬名于东方各诸侯国。郳国国学被小邾国贵族带到曲阜，成为颜氏的家学。

图1-5 曲阜鲁故城碑

颜友之子颜爽到鲁国任职，为鲁国下大夫。爽生连，连生嗷，嗷生鸣，皆为鲁国上大夫。鸣生音，为鲁国司寇。音生羽，羽生训，训生简，简生箱，皆为鲁国下大夫。箱生魁，魁生景，景生整，整生郴，郴生求，皆为鲁国司寇。求生有①，为

---

① 有，又作"友"。明万历颜胤祚增修重刻本和清颜光鲁、颜绍统增订重刻本《陋巷志》载："求生友，为邑宰。友生无繇，字路，为鲁卿士。"而同治五年《海州颜氏家谱》和光绪二十八年《颜氏世家谱》载："求生无繇，无繇字路，师事孔子，为鲁卿士。"

鲁国邑宰。有生无繇，字路，颜路即颜子之父，为鲁国卿士，娶齐国姜氏。

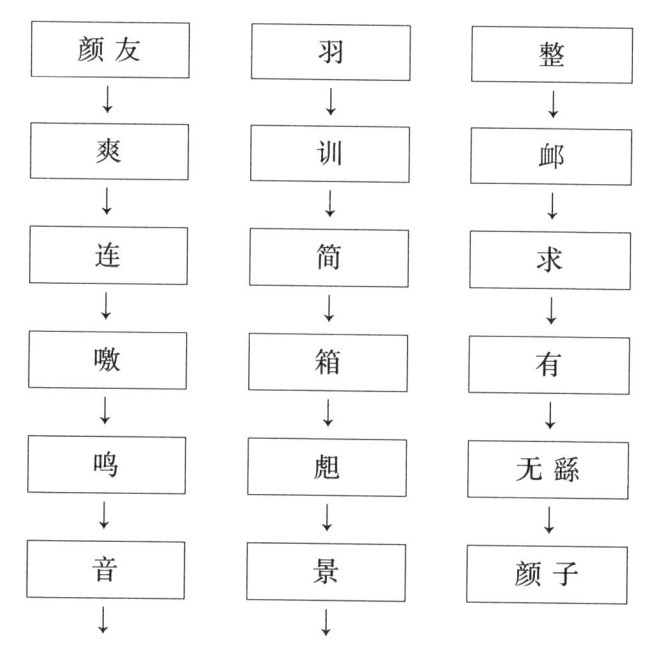

```
颜友          羽           整
 ↓           ↓           ↓
 爽          训           邮
 ↓           ↓           ↓
 连          简           求
 ↓           ↓           ↓
 嚁          箱           有
 ↓           ↓           ↓
 鸣          魁          无繇
 ↓           ↓           ↓
 音          景          颜子
 ↓           ↓
```

图 1-6　颜子的家世传承：从颜友至颜子

颜子名回，字子渊，亦称颜渊，生于周景王二十四年（鲁昭公二十一年，前521年）十一月十六日。颜子的祖上自迁居曲阜，世代为鲁国大夫，但到了其祖父、父亲辈，地位逐渐下降，大致相当于士的阶层。颜子的祖父颜有是鲁国的邑宰，即一邑的行政长官，生卒年不详，在鲁国还有一定的社会地位，而到了颜路这一代，地位就更加下移。但他毕竟拥有小邾国贵族的家世和卿士的身份，因此娶了齐国贵族后裔——齐姜氏，希望通过与贵族的联姻来提高颜家的社会地位。颜子的父亲颜路生于公元前545年，比孔子小6岁，是孔子最早的弟子之一，元代至顺二年（1331）被封为"杞国公"，谥号"文裕"；颜子的母亲齐姜氏被封为"杞国公夫人"，谥号"端献"。颜子在孔门弟子中名望最高，号称德行第一、"七十二贤"之首，被后世尊称为"颜子"，受到历代诸多帝王的推崇。

# 第二章 青少年时期的颜子

公元前521年，颜子出生于鲁国陋巷。今曲阜复圣庙内有"陋巷故址"碑。颜子少年时代就居住在陋巷，生活穷困，他除了拥有士人的身份，在其他方面已基本与平民无异。父亲颜路虽为鲁国的卿士，但无实际职权，因此颜子家境并不富裕。据《庄子》一书记载，颜子家里仅有城郭外田地五十亩、城郭内田地十亩，种植的菽麦桑麻仅够全家人衣食之需。

图 2-1　复圣颜子像

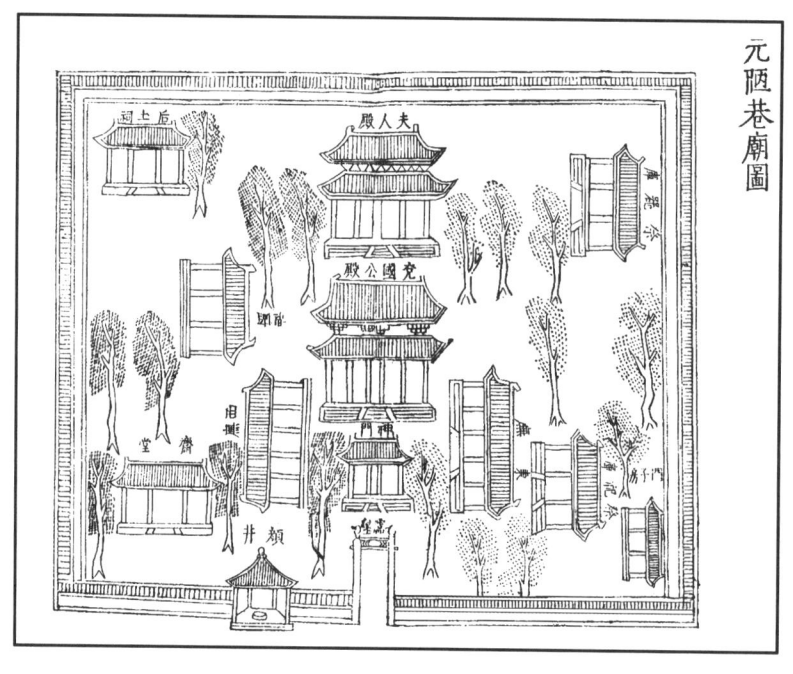

图 2-2　元陋巷庙图（《陋巷志》）

图 2-3　颜井图（《陋巷志》）

图 2-4　"陋巷故址"碑

图 2-5　陋巷井

图 2-6　曲阜城内陋巷坊

传说颜子感中台星而生，生有月角，额似月形，而月是水精，渊多水，故名颜渊。《说文解字》："渊，回水也。""回"与"渊"互训，即漩涡激流中的水。颜子出生时即有月角的传说。旧时星相家认为凡帝王圣贤皆有异相，如伏羲头上长有两个角，大舜重瞳，也有颜子重瞳的传说和记载。

小邾国成为鲁国的附庸国后，颜姓贵族们大多迁入鲁国国都。他们把小邾国世代相传的邾国文化也带到了鲁国。这其中就有颜家世代相传的易文化。颜家出身小邾国贵族，有着学习的良好传统。颜子幼年时期的学习是在父亲颜路的指导下进行的。颜子所学自然也是颜路从孔子那里学的礼、乐、射、御、书、数"六艺"科目。值得注意的是，鲁国初建时，伯禽带来一大批文化典籍。鲁国素有"礼乐之邦"的盛誉，对周代文物典籍保存完好。如鲁襄公二十九年（前544），吴公子季札观乐于鲁，叹为观止；鲁昭公二年（前540），晋大夫韩宣子访鲁，观书后赞叹："周礼尽在鲁矣！"鲁国崇礼重乐的文化传统对颜子产生了深刻影响。

## 一、师从孔子　卓冠贤科

颜子比孔子小30岁，13岁从学于孔子。孔子集古圣之大成，可谓学究天人、万代宗师。颜子卓冠贤科、德行第一，被尊为复圣，古今无两。颜子研究专家黄绍祖称赞颜子："亘古今中外，穷天地日月，千古一人而已！"对于颜子来说，孔子既是至高无上的圣人，又是循循善诱的先生、诲人不倦的师长和情同父子的同道。没有孔子的殷殷教诲、言传身教、关爱支持，颜子不可能登堂入室成为"七十二贤"之首，更不可能成为复圣。

颜子与父亲颜路同为孔子的学生。颜路从学于孔子的详细情况已不可确考，目前见到的多是颜子就学于孔门的记载。据《论语·为政》记载，孔子曾评价颜子："吾与回言终日，不违，如愚。退而省其私，亦足以发，回也不愚。"颜子听从孔子讲学一整天，始终没有提出反对意见，就好像愚笨的人那样。实际上，颜子不仅对孔子讲授的知识心领神会，而且能有所发挥，深得孔子思想的精髓。《论语·先进》有类似的记载，"回也非助我者也，于吾言无所不说"，也体现了颜子对孔子的遵从。颜子学习勤奋，从不懈怠。《论语·子罕》载："子曰：'语之而不惰者，其回也与！'……子谓颜渊，曰：'惜乎！吾见其进也，未见其止也。'"孔子认为颜回能够不断进步，从未见他懈怠过。孔门高足子贡非常敬佩颜子勤奋好学的精神，认为颜子能够早起晚睡，背诵经书，崇尚礼义，同样的错误不犯两次，讲话从不苟且。

《学统·正统》说颜子"生而明睿潜纯，有圣人之资"，可见颜子的天资是非常高的，远在常人之上。子贡曾高度赞扬颜子，说："我怎么敢和颜回相比呢？颜回听到一件事就可以推知十件事；我呢，知道一件事，只能推知两件事。"颜子的聪慧让以"言行"著称的子贡望尘莫及。至圣孔子对子贡的这一观点深表赞同，说："我和你都不如他！"由此可见颜子天资之高，绝非常人所及。颜子表现在外的却是大巧若拙、大智若愚。

图 2-7　不惰图（《复圣图赞》）

颜子拥有极高的天资，依然勤奋好学。颜子对物质条件并不在意，生活极其简约，甚至达到常人难以忍受的地步。孔子称赞他说："贤哉，回也！一箪食，一瓢饮，在陋巷，人不堪其忧，回也不改其乐。贤哉，回也！"每天吃一竹笼饭，喝一瓢水，一般人忍受不了这种清苦，颜子却能淡然处之，并保持着顶天立地的气概，真是了不起啊！

颜子勤奋好学，白天静静地听孔子讲学，晚上继续努力学习，甚至常常忘记吃饭、睡觉。孔子曾说："知之者不如好之者，好之者不如乐之者。"颜子可谓好学、乐学的代表，其好学、乐学的精神独树一帜。颜子真正体味到学习的乐趣，对生活条件无过高要求，在孔门弟子中，虽然颜子及门较晚、行辈较低，但其在道德修养和学问方面的进步是最快的。

颜子具有虚怀若谷的精神、包容豁达的胸襟和虚以下人的态度，所以颜子能像海纳百川一样充实自己、成就自己。曾子夸赞颜子是真正有学问的人，颜子的修养和学识明明在很多人之上，但是他每次都谦虚地向别人请教，自己有学问却常表现得像没有学问一样。

图 2-8 "卓冠贤科"石坊

图 2-9 "优入圣域"石坊

孔门弟子众多，有的鲁莽刚直、勇猛好武，如子路；有的多才多艺、擅长理财，如冉有；有的才思敏捷、擅长文学，如子夏；有的利口巧辞、擅长经商，如子贡。这些弟子性格各异，在学习生活中难免会有磕磕碰碰。孔子曾经夸赞自己有"四友"相助，他说："文王得四臣，丘亦得四友焉。自吾得回也，门人加亲，是非胥附与？自吾得赐也，远方之士日至，是非奔辏与？自吾得师也，前有辉，后有光，是非先后与？自吾得由也，恶言不入于门，是非御侮与？文王有四臣以免虎口，丘有四友以御侮。"孔子认为周文王得到四个贤明能干的臣子，他也得到四个志同道合的朋友，那就是颜回、子贡、子张、子路。尤其是自从颜回到来，弟子们越发亲近，孔门更加团结。马骕的《绎史》中有一则颜回与子路相处的故事，我们从中可以看出颜回的好学品质。颜子刚及师门时，发生了这样一件事：

有一天，颜子和子路在鲁国城北的洙河里洗澡。颜子看见一种五色鸟在河中戏水，便问子路那是什么鸟。子路回答说："那是荧荧鸟。"过了些日子，颜子与子路去泗河洗澡，又看到了前天所见的那种鸟。颜子问道："你还记得前些天我们见过的那种鸟吗？"子路随口答曰："那是同同鸟。"颜子反问："为什么一种鸟有两个不同的名字呢？"子路说："就好像我们这里出产的鲁绢一样，用清水漂洗就是帛，用颜色染就是皂。一种鸟有两个名字，不是很自然吗？"（可参见大型电视文献纪录片《颜子》）

图 2-10 鲁国故城之北的"浚复洙河"碑

第二章 青少年时期的颜子

图 2-11 疏浚后的洙河

我们通过这个小故事可以看出颜子虚心好学的品质。颜子比孔子小 30 岁，子路比孔子小 9 岁，颜子比子路小 21 岁。在颜子 13 岁进入孔门时，子路已经师从孔子数年，是孔子门下的大师兄。上述这段对话发生在颜子与子路之间，时间应该是颜子刚入孔门不久。子路十分喜欢这位思维敏捷、才华出众的师弟，于是带着颜子到曲阜周边游玩。由于颜子此时还是一个少年，社会阅历不深，见识还不是十分广泛，见到自己不识之物、不懂之事便随时向这位大师兄请教。颜子在河边看到一种非常特别的鸟，两次向子路发问，结果子路第一次回答说是"荧荧鸟"，第二次回答说是"同同鸟"。于是，颜子继续追问："为什么一种鸟有两个不同的名字呢？"子路回答道："一物而有二名的多了，一种鸟有两个名字不也很正常吗？"这显示了这位大师兄丰富的社会阅历。经过两次发问，颜子便知道了"一鸟二名"之事。这也体现了颜子明察秋毫的观察力以及与子路和谐的同窗关系。颜子进入孔门之后，其好学精神与仁德品格影响了同门中的许多人，使得孔门弟子更加团结，所以孔子说"自吾有回，门人益亲"。

颜子在孔门弟子中发挥着重要作用。颜子卓冠贤科，德行第一，在孔门弟子中起着榜样示范作用；颜子的到来使门人益亲，起到了稳定人心、团结孔门的作用；颜子知无不言、谏诤同窗，与孔门其他弟子是真正的君子之交；颜子躬自厚德、薄责于人、率先垂范、勇于践行，得到了孔门其他弟子的认可。

图 2-12 杏坛礼乐图

## 二、西游于宋 娶妻戴氏

公元前502年，颜子时年20岁，因为颜子是"士"阶层出身，按照当时的风俗，要举行冠礼。冠礼是一个人正式跨入社会、成为成年人的标志。"二十而冠，始学礼"，只有经过冠礼的教育和启示，才能获得新的思想引导和行为规约。冠礼主要有三个程序：初加缁布冠，象征将涉入治理人事的事务，即拥有人治权（缁布冠为太古之制，冠礼首先加缁布冠，表示不忘本初）；再加皮弁，象征将介入兵事，拥有兵权，所以加皮弁的同时往往配剑；三加爵弁，象征拥有祭祀权。先加缁布冠，次授以皮弁，后授以爵弁，之后由主持冠礼的大宾宣读《祝辞》，表达对加冠人的美好祝愿。《祝辞》的大意是：在这美好吉祥的日子，为你加上成年人的服饰，请放弃你少年的懵懂，成就成年人的情操，保持威仪，培养美德，祝福你万寿无疆、大福大禄。一个人在经历了冠礼仪式后，就意味着是真正的成年人了，不仅可以结婚，而且可以参加诸多活动。

颜子曾有游历宋国的经历，时间大致在鲁定公七年（前503），此时颜子刚20岁。颜子师从孔子数年，已经学有所成。他一生大部分时间是与孔子共同度过的，即便偶尔离开，也会先去请示自己的老师。颜子在西游于宋之前，曾先去孔子那里向老师请教如何立身处世。孔子回答说，要做到"恭、敬、忠、信"四点。为人谦恭就可以远离祸患，尊敬别人就会受到别人的爱戴，对人忠实就可以与大家和睦相处，待人诚信就可以得到别人的信赖。孔子认为努力做到这四点，不仅能够立身处世，甚至能够治理国家了。

图2-13 问为身图（《复圣图赞》）

颜子为什么会选择此时去？目的是什么？是游学、探亲，还是奉命出使？因史无确载，已不可详考。从颜子问"为身"，孔子答以"恭、敬、忠、信"，以及孔子对"恭、敬、忠、信"作用的解释来看，颜子之所以去宋国，可能是代表鲁国出使宋国，也有可能是因为游学或求婚。总之，此次出行具有一定的目的性。颜景琴等在《颜子评传》一书中指出，颜子西游于宋很可能与其婚姻有关，目的是求婚于宋国戴氏。据《陋巷志》载，颜子娶宋戴氏，生子歆。颜子可能是在西游宋国期间有一定的知名度，受到宋国戴氏家族的青睐。颜子西游宋国的目的不一定是求婚，但他因西游得娶戴氏是有可能的。

## 三、东野御马　以御谏政

颜子曾预知东野毕的马将要逃逸，并以此劝谏鲁定公执政要宽民力。由于颜子跟随孔子，在鲁国内政外交方面积极施政，因此声望日显，具有一定的影响。

《荀子·哀公》中有这样一段记载：

> 定公问于颜渊曰："东野子之善驭乎？"颜渊对曰："善则善矣。虽然，其马将失。"定公不悦，入谓左右曰："君子固谗人乎！"三日而校来谒，曰："东野毕之马失。两骖列，两服入厩。"定公越席而起曰："趋驾召颜渊！"颜渊至，定公曰："前日寡人问吾子，吾子曰：'东野毕之驭，善则善矣。虽然，其马将失。'不识吾子何以知之？"颜渊对曰："臣以政知之。昔舜巧于使民而造父巧于使马。舜不穷其民，造父不穷其马，是舜无失民，造父无失马也。今东野毕之驭，上车执辔，衔体正矣；步骤驰骋，朝礼毕矣；历险致远，马力尽矣。然犹求马不已，是以知之也。"定公曰："善！可得少进乎？"颜渊对曰："臣闻之：鸟穷则啄，兽穷则攫，人穷则诈。自古及今，未有穷其下而能无危者也。"

上述这段话讲的是鲁定公召见颜子的故事。

鲁定公问颜渊说:"东野毕很会驾驭马车吗?"

颜渊回答说:"好倒很好。虽然这样,但是他的马快要逃逸了。"

鲁定公不高兴,进去对左右的人说:"原来君子也说别人的坏话啊!"

三天之后,养马的官吏前来报告鲁定公说:"东野毕的马逃逸了。车两边的两匹马挣断缰绳跑掉了,中间驾辕的两匹马回到了马棚。"

鲁定公离开席位,站起来说:"赶快驾车去召见颜渊!"

颜渊到了,鲁定公说:"前几天我问您,您说:'东野毕驾驭马车的技术好倒是好。虽然这样,但是他的马要逃逸了。'不知道您是怎么知道的?"

颜渊回答说:"我是从为政之道上推测出来的。从前,舜善于役使百姓,造父善于赶马驾车。舜不使他的人民处境窘迫,造父不使他的马筋疲力尽,所以舜在位时没有人民逃离,造父驾车时没有马跑掉。现在,东野毕驾驭马车,上车拿起缰绳,马嚼子和马都收拾得合乎规定;马的步伐、驰骋的速度,都调习得合乎朝廷之礼;经历各种险路,到达很远的目的地,这时马的力气已经用尽了。然而他还要求马跑个不停,我就是由此推测出来的。"

图 2-14 知御图(《复圣图赞》)

鲁定公说:"好!您还能进一步说明吗?"

颜渊回答说:"我听说:鸟急了就会乱啄,兽急了就会乱抓,人走投无路的时候就会欺诈。从古到今,从来没有使百姓穷困而君主能没有危险的。"

鲁定公对颜子的预见能力深表佩服。颜子乘机对鲁定公的施政方针予以劝谏,说治理国家与驾驭马车是同样的道理,好的君主只有像大舜一样爱惜民力,知道使民以时,让百姓留有余力,才能治理好一个国家。

因此,无论是执政者对民众,还是上级对下级,都不能使其穷困不堪,超过一定的限度就会出问题。"自古及今,未有穷其下而能无危者也",这是颜子治国理念的精髓。在这里,颜子告诉鲁定公一个普遍的历史规律,那就是"穷下必危"。"鸟穷则啄,兽穷则攫,人穷则诈",如果滥用民力、横征暴敛,超过了人民的承受程度,就会迫使人民揭竿而起、铤而走险,甚至会导致政权覆亡。颜子的"穷下必危"思想是先秦儒家民本思想的重要代表,体现了对人民的重视,并启发孟子提出"民为贵,社稷次之,君为轻"的政治主张。

## 四、亦步亦趋　追随孔子

颜子对孔子可以说是亦步亦趋,忠心追随。他曾经向孔子说:"老师慢步走,我也慢步走;老师快步走,我也快步走;老师奔跑起来,我也奔跑起来;老师飞一般地奔跑,跑得身后只留下一缕尘土,那我只好干瞪着眼睛落在后面。"孔子说:"颜回啊,你这么说是什么意思呢?"颜子说:"我的意思是,老师慢步走,我也慢步走;老师怎么谈论,我学着老师也怎么谈论;老师快步走,我也快步走;老师怎么辩论,我也怎么辩论;老师奔跑起来,我也奔跑起来;老师讲论大道,我也讲论大道。至于老师飞一般地奔跑,跑得身后只留下一缕尘土,那我只好干瞪着眼睛落在后面。老师不用开口,人们就都信服；不必表示亲热，情意就洒满四周；没有权位，人们却愿意追随归附，不知道夫子是如何做到这样的。"孔子说："唉！怎么不仔细体察一下呢！一个人最大的悲哀莫过于内心死亡，形体的死亡还在其次。太阳从东方升起而在西方落下，万物没有不顺着这个方向而变化的。有眼有脚的人类依靠太阳才能生存，日出而作，日落而息。万物也像人类依靠太阳一样，必须依赖自然之道而生，依赖自然之道而死。我一旦接受了自然赋予我的形体，就不再随意变化，而是等着自然生命的消亡。随应外物的变化而有所行动，日夜都没有间断，也不知道变化发展的终结所在。我自然地聚合成形体，即使是知天达命的人，也无法对自己的命运做一番规划，因此我与自然变化俱往。我与你终身共处，而你像失之交臂一样不能真正认识我，能不感到悲哀吗？你似乎太看重我被人看重的东西了，那些东西已经消失了，你还把它当作真实存在去追寻，这就像到散了的市场上去买马一样。我内心对你的存念很快成为历史，你内心对我的存念也很快成为历史。既然这样，你还有什么可忧虑的呢！即使忘掉了旧有的我，但我仍有不被遗忘的东西存在！"

图 2-15 孔行颜随图（《孔子圣迹图》）

这段对话出自《庄子·田子方》。《庄子》是庄周（约前369—前286）及其门人、后学的作品。郭沫若认为庄周本是颜氏之儒，或者是从颜氏之儒走出来的道家中心人物，并认为这段文字是"颜氏之儒"的传习录。我们认为，这段文字真实反映了孔颜之间的师生关系，"孔行颜随""亦步亦趋"已经成为颜子尊师、敬师最经典的概括并得到历史的认可。作为孔子最忠实的学生，颜子处处向老师学习，思孔子之所思，言孔子之所言，行孔子之所行，是圣人的真实复现。

也许有人不禁会问，颜子不仅讲话、辩论模仿孔子，而且一举一动都模仿孔子，那颜子是不是没有自己的创新思想呢？其实完全不是。因为颜子的创新体现在其仁学思想、政治思想、易学思想等很多方面，但他的创新是在充分掌握、吸收孔子学问的基础上进行的。以孔子的好学不倦、勤奋不息、博学多闻和思想境界，若能够跟上孔子的脚步，就足以称圣称贤。颜子表现出的"亦步亦趋"恰恰反映了他虚心好学、积极进取的品质，这与现代不少人的自高自大、自以为是形成了鲜明对比。

## 五、关于颜子读书的逸事

颜子家居陋巷，13岁从学于孔子，虽然年龄小，但志向远大、智慧过人。曲阜至今仍流传着很多关于颜子箪食瓢饮、矢志读书的故事。

### 1. "天赐颜回一锭金，外财不发命穷人"的故事

颜子所居的陋巷距离孔子讲学的杏坛不过二三里地。不管上午还是下午，颜子总是第一个到达学堂。颜子安贫乐道，正心读书，孜孜不倦。学堂里时而发生丢失笔墨文具的情况。由于颜子穿衣打扮最为朴素，所以有人怀疑是颜回所为。孔子经过多次观察，发现颜回不像偷盗之人。于是，

孔子便想出一个办法，派学生在颜子上学的必经之路上放了一锭金，地上写着"天赐颜回一锭金"几个大字，并远远地观察颜回的举动。颜回看见这锭金后，并没有装入口袋，而是在几个大字的旁边加上一句"外财不发命穷人"，对路边的这锭金视若无睹，继续赶路上学。孔子见状，大为赞赏。自此，同学们对颜回的人品看得一清二楚，更加佩服颜回。

"天赐颜回一锭金，外财不发命穷人"的故事体现了颜回不求富贵、安贫乐道的高贵品质。

### 2. 颜子知圣的故事

孔子创办私学时，办学并不顺利，曾经遭遇"三盈三虚"的挫折。当年，孔子设教杏坛，而少正卯正在鲁城内办学，与孔子争夺弟子。需要说明的是，鲁国的都城位于鲁国故城，也就是今曲阜周公庙附近。少正卯在都城里面办学，招收的学生多是鲁国的公卿贵族子弟；而孔子办学的地点在杏坛，离鲁国都城较远，招收的多是贫民子弟。与少正卯开办的学校相比，孔子所办的学校只能称得上是乡间私塾，条件简陋，学费很低，几乎没有入学门槛，只需要交十条干肉就可以入学。因为少正卯是鲁国的著名人物，被称为"闻人"，所以少正卯多次把孔子的学生吸引过去听讲，但颜子从来没有去过。

《论衡·讲瑞篇》载："孔子之门，三盈三虚，唯颜渊不去，颜渊独知孔子圣也。"这说明除了颜子，孔门很多弟子是去听过少正卯讲学的。就连聪明绝顶的子贡最初都没有认识到孔子之"圣"："子贡事孔子，一年自谓过孔子，二年自谓与孔子同，三年自知不及孔子。当一年二年之时，未知孔子圣也，三年之后，然乃知之。"由此可见，子贡在进入孔门后，用了较长时间才认识到孔子之"圣"。孔门不少弟子惑于少正卯的诡辩言辞，以为少正卯才是真正的"闻人""达人"，所以选择离开孔子，去投奔少正卯。正是因为颜子具有知圣之明，所以才会一心一意地追随孔子。于是民间也演绎出关于颜子从学于孔子的一些故事。

### 3. 颜子输冠的故事

　　传说有一天，颜子在街上碰到一个人正与卖布人吵架，一尺布三个钱，这个人买八尺布。买布人理直气壮地说，三八就是二十三，为什么要我二十四钱？颜子说，三八就是二十四。买布人急了，与颜子打赌。颜子说，如果自己输了，愿意输掉自己的帽子。买布人说，如果自己输了，就输掉自己的人头。两个人便找孔子评理，孔子却出乎意料地说："三八就是二十三啊！"于是颜子输了自己的帽子。颜子听了老师的话，只好将自己的帽子乖乖交给了买布人。颜子觉得孔子糊涂了，决定不再跟随孔子学习。

　　颜子借口回家有事，跟孔子告别。临行时，孔子嘱咐颜子说："千年古树莫存身，杀人不明勿动手。"颜子走到路上，忽然下起瓢泼大雨，便赶紧跑到一个千年古树的树洞中避雨，可是想到老师的话，马上跑出来，刚刚出来就看见一道闪电将大树劈倒，心中暗自佩服老师有先见之明。颜子回到家的时候已是深夜，不愿意打扰家人，于是用佩剑拨开妻子的房门并走到床边，却摸到床头睡着一个人、床尾睡着一个人。颜子大怒，举起佩剑要砍，又想起老师的话，点上灯，却发现妻子与妹妹各睡一头，于是颜子更加佩服老师。天明的时候，颜子返回孔子那里，见到老师就跪倒在地，说了自己的遭遇，问老师何以有先见之明。孔子说："你走的时候，我看见要下雨了，于是嘱咐你一句，见你带着佩剑生着气走了，觉得不放心，也嘱咐你一句，并不是有什么先见之明。"颜子又问："老师为什么一定要说三八是二十三呢？"孔子说："你输了只是输掉一顶帽子，但买布人输了，就是一条人命，难道你想要人家的命吗？"颜子这次彻底明白了，从此之后再也没有离开过孔子。

颜子输冠的故事应该是后人演绎的，目的是表现孔子具有先见之明。这则故事出现在什么朝代已难以考证，但从另一个角度说明了孔子与弟子颜子的亲密关系。实际上，颜子之所以一心一意地追随孔子，一方面是因为颜子具有知圣之明，另一方面是因为其父颜路是孔子的早期弟子，颜子确实比孔门其他弟子更了解孔子。

由于鲁国政治日非，孔子在鲁国设教也时断时续。鲁定公九年（前501），孔子出任鲁国中都（今山东汶上）宰。由于治理有方、政绩卓著，孔子从中都宰升为司空，又升为大司寇。孔子对中都的教化治理以及其在夹谷会盟中的出色表现，都使孔子在鲁国政坛上不容忽视。同时，他主张"堕三都"，削私家而强公室，与鲁国孟孙氏、叔孙氏、季孙氏三家大夫的矛盾日益突出。"堕三都"触犯了三家大夫的利益，最终以失败而告终。鲁国政权把持在三桓手中已经数代，虽然三桓的势力已经衰微，但彼此盘根错节，关系极其复杂，而孔子和子路、子羔等师徒的力量尚不足以摧毁三桓的势力。关于颜子是否参与这些政治活动，因没有文献记载，故难以考证。

鲁国在孔子及其弟子的治理下，日益强盛。齐国统治者担心鲁国强大，于是对鲁国采用了怀柔、腐蚀的策略，选送能歌善舞的美女和高大威武的骏马馈赠鲁君。鲁国执政者季桓子代替鲁国国君接受了。鲁国君臣惑于美女、骏马，沉迷声色，怠于朝政。孔子因此更加失望。公元前497年春，孔子、颜子师徒离开鲁国，此年颜子25岁。孔子不甘心放弃自己的政治主张，因此踏上周游列国之路。

需要说明的是，孔子并没有立即离开鲁国，而是停留在鲁国边境的"屯邑"，等待郊祭的膰肉，以此判断鲁国当政者是否还会重用他。最终孔子没有等到膰肉，十分失望，临别而作《龟山操》歌。其词曰："予欲望鲁兮，龟山蔽之。手无斧柯，奈龟山何？"大意为：回望鲁国啊我的家乡，龟山崔嵬啊视野茫茫。可叹手中呀没有神斧，面对龟山无可奈何？此处以蔽目的龟山借喻权力蔽天的季氏，孔子虽为代国相，但因其政治理想与专权的季桓子完全不同，遂遭到当权者的排斥与打击。《龟山操》抒发了孔子想要改变鲁国混乱政局的理想和手无寸权、无可奈何的失望。

图 2-16　因膰去鲁（《孔子圣迹图》）

和孔子的犹豫与寄希望于季氏不同，颜子是义无反顾地跟随孔子踏上周游列国之路的。与孔子相比，颜子的家庭更需要他，原因有二：第一，随孔子周游列国时颜子年仅 25 岁，其子颜歆尚不满 5 岁，需要父亲的照顾，而孔子的儿子孔鲤时年 36 岁，已经完全独立；第二，颜子的家境要差一些，除了几十亩地的耕种收入，别无其他生活来源。即使在这种情形下，颜子仍然坚持追随孔子。可以说，颜子是为了实现儒家的政治理想，才跟随孔子踏上周游列国之路的。

# 第三章

## 在卫国时的颜子

颜子和孔门其他弟子一起，跟随孔子离开鲁国。他们首先前往卫国，住在卫都帝丘（今河南濮阳县西南）颜浊邹家里。他们为什么会选择去卫国呢？因为卫国是鲁国的兄弟之邦，政治比较安定，经济比较富庶，而且卫国大夫颜浊邹是颜子的近族、子路的妻兄，便于孔子师徒与卫国上层沟通。孔子师徒声誉日隆，正欲在卫国有一番作为。卫灵公对孔子礼遇有加，问颜浊邹："孔子在鲁国的俸禄是多少？"颜浊邹回答说："六万粟。"卫灵公同样给孔子六万粟的俸禄。

## 一、善识鸟音　以音知事

《孔子家语·颜回》记载了这样一件事：

> 孔子在卫，昧旦晨兴，颜回侍侧，闻哭者之声甚哀。子曰："回，汝知此何所哭乎？"对曰："回以此哭声，非但为死者而已，又有生离别者也。"子曰："何以知之？"对曰："回闻桓山之鸟，生四子焉，羽翼既成，将分于四海，其母悲鸣而送之，哀声有似于此，谓其往而不返也。回窃以音类知之。"孔子使人问哭者，果曰："父死家贫，卖子以葬，与之长决。"子曰："回也，善于识音矣。"

在卫国时，发生了这样一件事。一天黎明，颜子在孔子身边陪侍，听见有人啼哭，声音非常哀伤。孔子问颜子："你知道这是为什么事在哭吗？"颜子回答说:"我认为这哭声不仅是因为死去的人,也是因为活着而将要离别的人。"孔子问:"你是怎么知道的?"颜子回答说:"我曾在桓山听过鸟的叫声,那只鸟孵了四只小鸟,雏鸟羽毛丰满了,翅膀长成了,就要各自分飞到四方了,它们的母亲悲伤地鸣叫着为它们送行,那种哀伤的声音与今天这种哭声有相似之处,好像一去不返的样子。我是用同样的哭声类推知道的。"孔子派人去问哭泣的人,果然回话说:"父亲死了,家中贫穷,只好卖掉儿子来安葬父亲,从此就要与儿子诀别了。"孔子说:"颜回是个擅长识别声音的人啊!"

图 3-1 桓山鸟音图(《复圣图赞》)

我们从这则故事中可以看出,即使在以富庶著称的卫国,一些下层百姓还是非常贫穷的,"病不得医,死不得葬"的事情时有发生,甚至会出现父死家贫而不得不卖子以葬的悲惨事件。颜子之所以能够以自然界的鸟音推知人世间的事,是因为他有覆天载地的仁爱之心、恻隐之情。颜子是有大仁大爱的人,其大仁大爱不局限于人类,由仁民进而爱物,能由鸟的悲鸣推知人类的情感,相反亦然。唯有大仁大爱,才能知微知彰,才能体悟天地大悲,才能感受天地大爱。颜子善于识音,体现了颜子的大仁大爱,也体现了他追求"天下永宁"的政治理想。

## 二、志于大舜　心向大同

颜子志于大舜，心向大同。他公开宣称：舜是什么样的人，我就是什么样的人！有作为的人也都像他那样，表达了对舜帝的认同与赞美。大舜，姚姓，妫氏，名重华，建立有虞国。大舜即位之后，虚怀纳谏，惩罚奸佞，流放四凶——共工、驩兜、三苗、鲧；任贤使能，任命皋陶管理五刑、大禹治理水利、后稷主管农业、契主管五教，开创了百业兴旺、政通人和的局面。由此可见，颜子具有宏伟的志向，以大舜为榜样。志于尧舜，期于大同，乃一切儒家仁人志士的共同理想和目标愿景。此理想、此愿景，发轫于颜子，大成于孟子。孟子说，禹、稷、颜子持有的是同一个道理。禹想到天下有人遭遇水灾，就好像是自己让他们受灾一样，稷想到天下有饿着的人，就好像是自己让他们挨了饿一样，所以他们那么焦急。禹、稷、颜子如果交换了位置，也一样。孟子认为，与禹、稷相比，颜子具有同样的个人修为、同样的政治抱负，因此也应有同样的社会影响力。

图 3-2　希舜图（《复圣图赞》）

第三章 在卫国时的颜子

颜子仁政德治的政治思想、天下大同的社会理想和不折不挠的政治追求，为后世政治家塑造出一个美好的政治愿景。我们来看一则与颜子有关的故事——"景山言志"。这个故事又称"戎山言志""农山言志"，见载于《孔子家语》《史记》《韩诗外传》《说苑》等。关于故事发生的地点，有人说在曹国都城陶丘的戎山，有人说在鲁城北部的大山，还有人说在卫国境内。地点姑且不论，但故事情节基本上是真实可信的。

图 3-3 游景山图（《复圣图赞》）

颜子曾跟随孔子游览北部的大山，弟子颜子、子路、子贡等在孔子身边陪侍。仁者乐山，登高言志。孔门师徒登上高山，神清气爽，放眼望去，山下风物尽收眼底，心胸豁然开朗，正可以畅谈理想、抒发胸怀。子路，姓仲名由，字子路，一字季路，鲁国卞邑（今属山东泗水）人。《史记》称他"好勇力，志伉直"。端木赐，姓端木，名赐，字子贡，卫国黎（今属河南浚县）人，能言善辩，办事通达。《史记·仲尼弟子列传》说子贡"常相鲁卫，家累千金"。孔子和众弟子登山，有下面这样一段对话。

孔子说："君子登山一定会登高望远、抒发志向，你们各自的志向是什么？说出你们的志向，我将要启发你们。"

子路首先说:"我希望在旌旗蔽日、战鼓动天的战场上亲率大军,挥动长戟,冲杀敌阵。虽然后面有哺乳幼崽的老虎,前面有残忍凶暴的敌人,我也将像虫蠡一样腾挪跳跃,像蛟龙一样奋勇无畏,前去解除两个国家的战争灾难。"

孔子赞叹说:"你真是个勇士啊!"

子贡说:"两个国家结下深仇,双方强壮的兵士布好了战阵,扬起的尘埃弥漫了天空,我穿着缟衣、戴着白冠游说两个国家,不带一件兵器,也不带一块干粮,只身去化解国家的仇恨。申明道理,晓以利害,听从我端木赐意见的国家就能保存,不听从我意见的国家就要灭亡。"

孔子称赞说:"你真是个辩士啊!"

颜子只是专注于爬山,在师徒讲话的时候并不插话。孔子问颜子:"你不愿陈述自己的志向吗?为什么不说出你的志向呢?"

颜子说:"我的两位同学已经陈述了他们的志向,所以我就不说了。"

孔子说:"心志各不相同,每个人都有自己的志向。颜回,你还是说出你的志向吧,我将要启发你。"

颜子说:"我希望到一个小国家,做那个国家的辅相,以正道治理国家,以道德教化人民,君臣上下同心,朝廷内外呼应,各诸侯国都能像风一样迅速归向正义。年富力强的人很快归附,老年人相互搀扶着来到,教化通行于百姓之中,恩泽普及于四方蛮夷。人们都放下了武器,聚集在都城的四个城门。天下得到永久的安宁,连各种动物,无论是天上飞的还是地上爬的,都能各尽其性;整个社会尊贤使能,各司其职。因此,君主能够安于上位,臣下能够和睦相处,实现无为而治。人民的行动合于正道,举止合于礼节,凡谈论仁义的人都得到赏赐,挑起战争的人都被处死,那么还有什么战争灾难需要子路解救,还有什么仇恨需要子贡化解呢!"

孔子说:"真是个圣贤之士呀!有德之人出现了,无德之人就会躲藏起来；圣明的人产生了，贤能的人就要隐居起来。如果你来执掌整个国家，那么子路、子贡还如何能够施展他们的才能呢！"

子路是孔门勇者型的代表人物，虽然"乳虎在后，仇敌在前"，子路依然"奋长戟，荡三军"，不避危险，辗转腾挪于战场，用武力解除两国的战争灾难。孔子称赞他真是个"勇士"！子贡是孔门智者型的代表人物，两国结下深仇，非战争无以解决，军队已摆好战阵，尘埃漫天，杀气腾腾，战争一触即发，子贡不带一件兵器，不带一块干粮，只身前往，仅凭三寸不烂之舌，就能化解两国的仇恨。孔子称赞他真是个"辩士"！"勇士"与"辩士"诚然可贵，然而从社会理想的角度来说，仍未达到孔子的期待与愿望。颜子则是孔门"仁智勇"兼备的代表人物。子路之勇，子贡之辩，可谓是勇者无畏、辩者无敌，无以复加，故而颜子不愿再说下去。颜子在孔子的劝说下，才说出自己的理想。然而，颜子不鸣则已，一鸣惊人。颜子希望国君用正道统治人民，臣子用道德教化人民，君臣上下同心，朝廷内外呼应，使各诸侯国都能像风一样迅速归向正义。壮士们很快地归附，老年人相互搀扶着到来，教化施行于百姓，恩泽普及于四方。往日的仇敌都放下了武器，聚集在都城的四个城门。天下人都得到永久的安宁，连各种动物都能各安其命、各尽其性，君主举贤任能，君臣和睦相处，君主垂衣拱手，无为而天下大治。颜子之志应该说是达到了极高的境界，如果说子路是以勇猛胜，子贡是以智慧胜，那么颜子则是以仁德胜，相比之下，三者高低立辨。

颜子的"天下永宁"理想与孔子的"大同"社会理想是相通的。孔子曾说："大道之行也，天下为公。选贤与能，讲信修睦，故人不独亲其亲，不独子其子，使老有所终，壮有所用，幼有所长，矜寡孤独废疾者皆有所养。男有分，女有归。货恶其弃于地也，不必藏于己；力恶其不出于身也，不必为己。是故谋闭而不兴，盗窃乱贼而不作，故外户而不闭。是谓大同。"这段话的意思是，大道通行的时代，天下是全体人民的。选举有贤德和有才能的人来执政，人与人一定要讲求诚信，保持和睦友善，所以人们不只是敬爱自己的双亲，不只是疼爱自己的子女，而是使老年人都能安度终生，使壮年人都能发挥自己的才能，使幼年人都能健康成长，鳏夫、寡妇、孤儿、无后者、残疾人、生病的人都能得到照顾和供养。男人都有自己的工作，女人都有自己的归宿。财货，厌恶它被丢弃在地上得不到合理利用，倒不一定要收藏到自己家里；力气，厌恶它不能从自身发挥出来，倒不一定是为了自己。因此，阴谋被堵住而不能兴起，盗窃、作乱、贼杀都不会发生，所以家家户户的大门可以不关闭。这就叫作"大同"社会。孔子在许多情景下反复申明自己的社会理想，他曾说："老者安之，朋友信之，少者怀之。"在孔子设想的理想社会中，年老的人可以安乐生活，朋友之间互相信任，少年儿童得到应有的关怀。这种愿景反映了孔子以仁德对待所有人的理想。颜子的政治理想与孔子的社会理想可谓高度一致。

如果说子路的志向是用武力威慑消除战争，子贡的志向是用外交斡旋消除战争，那么颜子的志向就是用仁爱道德消除战争。三者相比，武力威慑可能会引发更大规模的战争，外交斡旋可能会在短时间内使战争停止，只有理性和道德才是消除战争之源的根本措施。正如联合国教科文组织总部大楼前的石碑上镌刻的那句发人深省的名言："战争起源于人之思想，故务需于人之思想中筑起保卫和平之屏障。"颜子自信，如果得明君而相之，大力推行德治，使人人明伦晓礼、谦恭礼让，这样就能从根本上消除战争，让战争无从发生。颜子的无战思想既不需要诉诸武力，又不必借助外交，可谓是消除战争的最佳方案。因此，孔子盛赞颜子："美哉，德也！"孔子认为颜子的志向"不伤财，不害民，不繁词"。由此可见，孔子高度认同颜子的这种政治理想。颜子"志于尧舜，期于大同"的政治理想，对后世儒家乃至每位有志于中华民族伟大复兴的知识分子有着重要的现实意义。

## 三、匡地被围　矢志不渝

孔子师徒大约在卫国居住了 10 个月。公元前 497 年，卫灵公向孔子询问军队排兵布阵的方法，孔子回答说："礼仪方面的事情我曾听说过，军队方面的事情，我从来没有学习过。"由于小人的谗言，卫灵公对孔子有所怀疑，并派人监视。孔子不得不离开卫国，想前往陈国。由于被人监视，孔子为了安全起见，就让颜子断后，自己带领其他弟子先行离开。孔子师徒在经过匡地（今河南长垣）的时候，匡人看见了孔子，以为他是鲁国季孙大夫的家臣——阳虎，因为孔子的样貌很像阳虎。阳虎在匡地做官时横征暴敛、欺压百姓，引起当地百姓的不满。这时候，匡人想趁此机会报复阳虎，于是围困了孔子师徒。孔子在匡地最担心的就是颜子。直到匡人之围解除后，颜子才赶到与孔子会合。

孔子担心地说："我以为你死了呢！"

颜子说："老师您还活着，我怎么敢死呢？"

孔子对颜子的生命安危极度牵挂。在孔子看来，颜子的生命不仅是生物学意义上的生命，而且是自己学说的生命、自己思想的生命，颜子的生命存在关系到孔子之道的未来与希望。颜子的回答则表达了对老师的信任与追随，可以说颜子是以生命明志，生命不息，追求不止，只要老师在，颜子愿意终生追随。

匡人之围解除后，孔子师徒又返回卫国。卫灵公听闻孔子要返回卫国，亲自到郊外迎接，并安排孔子住在卫国大夫遽伯玉的家里。

## 四、革故鼎新　因时而变

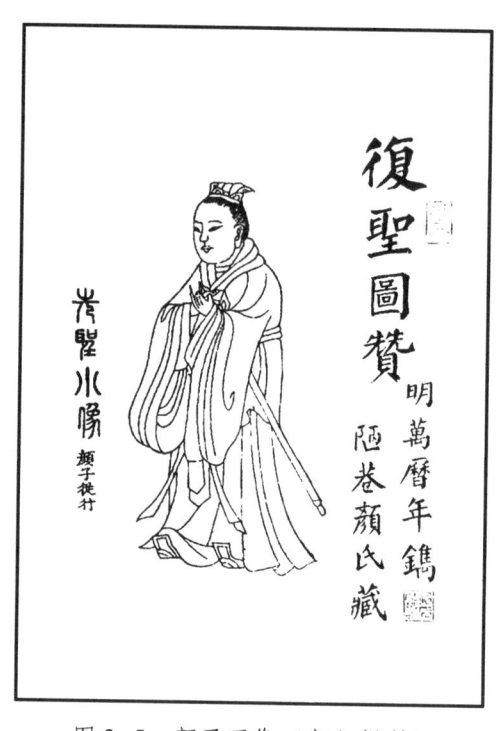

颜子有很高的政治才干，他的政治方略是革故鼎新、因时而变。颜子曾向孔子请教治国方略。据《论语·卫灵公》记载，颜渊曾向孔子请教如何治理国家。孔子回答说："用夏代的历法，因为夏代历法有利于农业生产；坐商代的车子，因为商代的车子更质朴实用；戴周代的礼帽，因为周代的礼帽更华美，更符合古代的礼制；音乐就用尽善尽美的《韶》乐，舍弃郑国的乐曲，斥退小人，因为郑国的乐曲淫靡不正派，小人太危险。"

图3-5　颜子画像（颜红提供）

颜子有将相之才，"问为邦"即向孔子请教"治国平天下"之道。

对于上述这段话，自古就有不同的评价。干宝在《易杂卦注》中指出，孔门弟子中问政于孔子的有好几位，而孔子之所以不与他们讲三代损益的事情，是因为他们不足以担当此任；之所以给颜子详细讲述三代损益之事，是因为颜子是王佐之才，是商朝开国元勋伊尹般的人物。子贡问为政时，孔子回答说，做好粮食储备，做好军备，赢得人民的信赖，如此而已。孔子在此只论述了粮食、军事和取得人民信任在为政过程中的重要性。子张问政时，孔子说，在工作岗位上不要懈怠，执行政令要忠诚。子路问为政时，孔子强调当政者应该以身示范，勤于政务，做百姓的榜样。仲弓问为政时，孔子强调要给工作人员带头，不计较他们小的过错，选拔贤才来任职。子夏问为政时，孔子讲为政不能只讲速度，还要重视教化、循序渐进，如果贪图小利，就做不成大事。以上均是孔子针对弟子的特点对他们在为政某一方面提出的建议，并不上溯到三代之经验教训，这是因为孔子认为这些弟子还不能担当治理天下的重任。针对颜子问为政，孔子的回答十分完备，不仅叙述了为政的具体措施，还教导颜子要注重音乐教化和选人用人两个方面。

孔子对颜子的回答体现了孔子的历史观、哲学观和对颜子的高度信任。颜子在孔门中聪明绝顶，无人能及，就连子贡也自叹没有颜子"闻一知十"的智慧。颜子问为邦，孔子答以虞、夏、商、周损益之道，这有着非常深的用意。孔子教导颜子，治理国家决不能囿于一经一法，而是要取法先王，充分综合运用历史智慧；但仅综合运用历史智慧仍然不够，还要革除时弊，"放郑声，远佞人"，抛弃淫靡的乐曲和奢侈的行为，远离奸佞的小人，亲近贤良的仁人。孔子认为，在孔门弟子中，只有颜子具备综合运用历史智慧的能力，故而以此启发颜子，也是寄未来希望于颜子。

颜子注意到三代制度的不断变化，认为治理国家之方、为政之道、教化之策关键在于不断借鉴历史经验，只有革故鼎新、推陈出新，发展才有动力，社会才有活力。正因如此，孔子才告诉颜子"行夏之时，乘殷之辂，服周之冕，乐则《韶》《舞》"。孔子也认为夏、商、周三代礼乐文化是因革损益，而且认为这种损益是十分合理的，这是颜子推崇三代变化的原因。但颜子并不满足于对三代变化的追述，而是进一步追问三代变化的过程和原因。颜子注意到夏、商、周三代礼仪教化的变化，问孔子虞、夏是如何变化的。孔子说："教化是用来反思弥补前代的弊政，没有衰败的政事，没有混浊的世风，这才叫治世。因为尧当政之时没有出现弊政，所以虞舜继承唐尧时不用变更。"夏朝承虞舜而来，舜承唐尧而来，是否也有变化呢？孔子说，三代之变是因前代有弊政出现，所以才需要损益，而尧当政时是治世，虞舜就不用变更。由唐尧到虞舜也无需变更，由虞舜到夏禹，仍然可以说不用变更，但到夏朝之后，变化就大了。尧舜禹时期的"禅让天下"至夏商周时期变为"世袭天下"，这是中国历史发展的重要转折点。颜子注意到这一变化，并提出"革故鼎新，因时而变"的变革思想，这充分显示了颜子非凡的历史智慧。

# 第四章

## 离卫之后的颜子

有一次外出时，卫灵公与南子同车，令孔子坐在后面的车上，招摇过市。孔子慨叹道，"吾未见好德如好色者也"，并深以为耻。公元前493年春，卫国发生内乱，太子蒯聩谋杀南子失败，逃到宋国，后又逃到晋国赵简子处。卫国把太子的党羽全部驱逐出境。卫灵公欲讨伐蒯聩，问军事于孔子。孔子认为这是父子之争，师出不义，因而没有回答。当孔子再与卫灵公谈话时，卫灵公便只顾远望空中的大雁，慢待孔子。孔子师徒只得再次离开卫国到曹国，又从曹国到宋国，见到了宋景公。

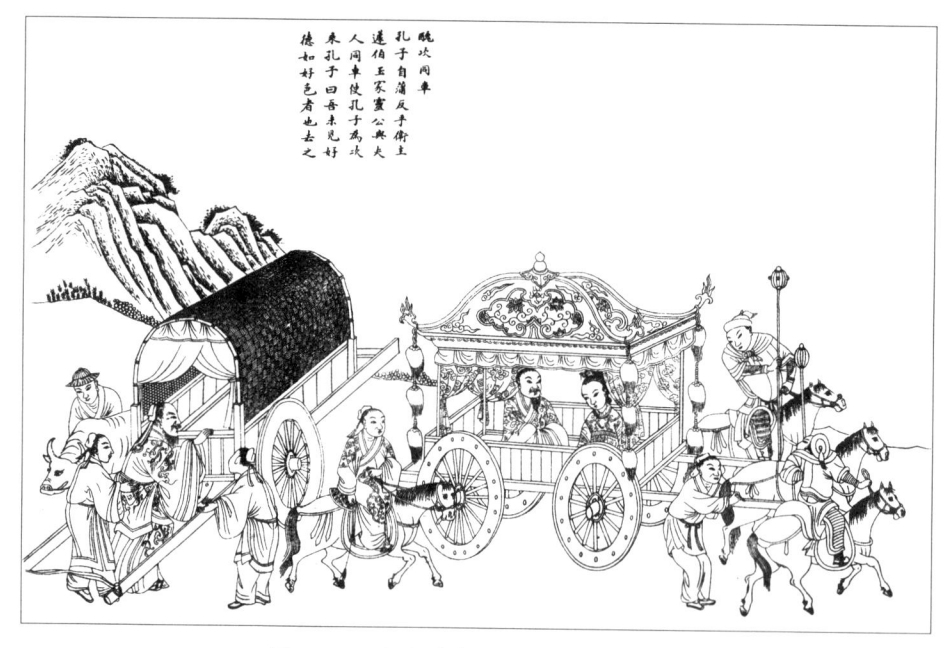

图 4-1　丑次同车（《孔子圣迹图》）

## 一、跟随孔子　逃离宋国

宋国有个大臣叫桓魋，是当时的大司马。他早就听说孔子四处推行自己的施政主张，很是担心，害怕自己因为宋国国君听了孔子的学说而失宠，担心自己以后再也不能蒙蔽国君、鱼肉百姓了。于是他便先发制人，派一伙人来找孔子的麻烦。他们一直找到傍晚太阳下山，终于在一棵大树下找到了孔子。孔子正在聚精会神地给弟子们讲课。夕阳的余辉透过大树的树冠，照在不远处孔子的马车上。为了给孔子一个下马威，桓魋命令这伙人走上前去，七手八脚地就把大树砍断了。

图 4-2　宋人伐木（《圣迹图》）

有的弟子害怕了，劝孔子快走，以免招惹麻烦。而孔子不以为然，依然弦歌不绝，一副若无其事的样子。他说："上天在我身上生了这样的品德，桓魋能把我怎么样呢？"孔子有个弟子叫公良孺，力大无穷，平日沉默寡言，但这次实在看不下去了，就向前一步，把砍断的树冠举起来，又重重地摔在地上。这下把桓魋一伙人吓懵了，一个个愣在那里，大气也不敢出。桓魋见孔子有如此武艺超群、膂力过人的弟子，就灰溜溜地走了。

第二天早上，孔子带着弟子们离开宋国，却发现队伍里多了一个人。这个人就是桓魋的弟弟——司马牛。原来，司马牛看不惯哥哥欺上瞒下、为非作歹的行为。早先，桓魋就曾为了死后能够千年不朽，为自己建造了一口石头棺材，上面雕刻着游龙走凤、百兽惊鸿。老石匠雕刻了三年也没有完工，真是劳民伤财。这次哥哥又做出拦截孔子的勾当，让司马牛忍无可忍。司马牛决定辞掉官职，跟随孔子学习。

司马牛离开后不久，便听说哥哥桓魋在宋国发动了叛乱，杀害了很多无辜百姓。叛乱让宋国百姓流离失所，田地荒芜，哀鸿遍野，满目疮痍。这让身处鲁国从师于孔子的司马牛的心情复杂起来。他又是担心，又是内疚，担心的是宋国国力本来就弱，经过叛乱可能要亡国了，内疚的是自己的亲哥哥给宋国百姓带来那么大的伤害，自己再也不能与这个不仁不义的兄长相认了。

这天，师兄子夏问他为什么终日愁眉不展。司马牛说："国家遭难，而我身处异乡不能相救；别人都有兄弟姐妹，单单我的哥哥祸国殃民，行不义之事，这让我有兄弟却不能相认！"子夏听了，劝司马牛说："我听说死生有命，富贵在天。我们所能做的就是严肃认真地办好每一件事，待人接物恭敬而合乎礼仪。四海之内，都是你的好兄弟。君子何必担心没有兄弟呢？"司马牛听了，便和颜子、子夏等同门早晚学习仁义礼仪，听从孔子的教诲。同学们和睦相处，亲如兄弟，过得非常快乐。

## 二、天下永宁　各乐其性

相比于宋国大司马桓魋倚仗权势鱼肉百姓、伤害无辜从而导致兄弟反目的情景，"四海之内皆兄弟"的美好愿望时时在颜子心中闪现。他

第四章　离卫之后的颜子　47

在思考：如何才能让百姓过上好日子，如何才能让四海之人皆有兄弟姐妹般的情谊呢？这也成为孔子师徒讨论的焦点。有一天，颜子、子路两人侍立在孔子身边。孔子说："你们何不说说自己的志向呢？"子路说："我愿意拿出自己的车马、裘衣，同我的朋友共同使用，用坏了也不抱怨。"颜子说："我愿意不夸耀自己的功劳和长处，不使百姓困顿。"

图 4-3　言志图（《复圣图赞》）

颜子认为施政要"无伐善，无施劳"。"无伐善，无施劳"虽然只有简简单单六个字，看似平平常常，却体现着"修己安人"之道、"内圣外王"之学，做到绝非易事。古今学者对这六个字有不同的理解。其中比较有代表性的主要有以下三种。第一种是不夸耀自己的优点，不宣扬自己的功劳。第二种是不夸耀自己的长处，同时不以劳役施于他人，如刘宝楠《论语正义》曰："不自称己之善，不以劳事置施于人。"第三种是不去败坏他人的善行，不去诋毁他人的功劳。除了第三种有点不合实际，其他两种都与颜子的精神品质相近，我们更赞成第二种。应该说，"无伐善，无施劳"是一种修为，是一种境界，是一种胸怀。朱熹在《论语集注》中说："伐，夸也。……《易》曰'劳而不伐'是也。或曰：劳，劳事也。劳事非己所欲，故亦不欲施之于人。"无伐善，内以修己也，指的是自我内在修养的功夫；无施劳，外以安人也，指的是不以劳事强加于民众之身。合而言之，内圣外王也。

《论语集释》引《四书辨疑》称："伐善之善，乃其凡己所长之总称。伐忠、伐直、伐力、伐功、伐才、伐艺，通谓之伐善。"颜子之无伐善并不是谦虚，因为谦虚是自以为优长于人而有意为之，而颜子视善为己之本性，何伐之有？曾子称赞颜子说："有若无，实若虚；犯而不校……"颜子有"闻一知十"之智，却大智若愚；有治理天下之才，却选择"舍则藏"，"遁世不见知而不悔"。"无施劳"即不以劳苦之事强加于人民，让人民安居乐业，这是颜子的政治理想。颜子主张"铸剑戟以为农器"，使"天下咸获永宁，蝡飞蠕动，各乐其性"，让子路无所施其勇，使子贡无以施其辩。纵观中国古代历史，劳役百姓乃历代之通患，再加上贪官污吏的盘剥和搜刮，以致四民废业，民不聊生。"无施劳"一语有功于天下大矣。无伐善，仁也，内在成己；无施劳，智也，外在成物，合内外之道。"无伐善，无施劳"，在颜子本人为其固有之德性，在我们看来则是颜子的志向、颜子的境界和颜子的胸怀。

然而现实是，卫国内乱不止，宋国奸相把持，孔子师徒只得另寻他国来施展政治理想。公元前492年，颜子跟随孔子离开宋国来到郑国。孔子与弟子们走散了，一个人孤零零地站在郑国外城的东门下。有个郑国人对子贡说："东门外有个人，他的额头有点像唐尧，脖子有点像皋陶，肩膀有点像子产，从肩膀往下比大禹矮三寸，萎靡不振的样子像丧家的狗。"子贡据实说给孔子听，孔子反而开心地笑道："说我长得像古代圣贤，我真是不敢当！但他说我像丧家的狗，可真是对极了！"

孔子师徒来到陈国后，住在陈大夫司城贞子家中。然后，孔子又到蔡国，碰到正在耕田的隐士长沮、桀溺。但他们主张逃避乱世，无视孔子的问路，耕田不辍。

## 三、陈蔡被围　时穷节现

在周游列国过程中，陈蔡绝粮堪称是对孔子师徒理想信念和意志力的一次重要考验。公元前489年，吴国大举进攻陈国，楚国帮助陈国反击，陈国处于战乱状态。孔子想，既然陈国处在混乱之中，不如到开明的楚国去。楚昭王也希望孔子能够到楚国。从陈国到楚国，中间要经过负函（今属河南信阳）。从宛丘到负函的这一段路正是吴楚交兵地带。有一天，孔子和众弟子困于陈蔡之间，被乱兵围住，吃光了所带的粮食。弟子们又累又饿，有些人已经病倒了，但孔子依然弦歌不绝。

子路首先沉不住气，撅着嘴，很不高兴地来问孔子："君子也有困顿的时候吗？"

孔子回答说："君子虽然也有困顿的时候，但是能够坚持理想操守；小人一困顿，就会无所不为。"艰难困苦是对一个人意志力的重大考验。在艰难困苦时，意志坚强、信念坚定的人能够坚守节操、矢志不渝，而意志薄弱、信念不坚定的人往往会动摇退缩、止步不前。

这时候，包括子路在内的一些弟子对孔子的思想主张产生怀疑，甚至对周游的行为产生抱怨。孔子知道弟子们有怨悔之心，于是分别召见子路、子贡和颜回。

孔子首先召见子路问道："《诗经》上说'不是犀牛，不是老虎，游荡在旷野'。是什么原由？我的主张有什么不对吗，我为什么会落到如此境地呢？"

子路说："我想可能是我们的主张还没有达到仁的境界吧，所以人家不信任我们。也可能是我们的智谋还不够吧，所以人家不愿意实行我们的主张。"

图 4-4 从厄陈蔡图（《复圣图赞》）

孔子说："果真像你说的这个样子吗？仲由啊，假如说有仁德的人就一定会被信任，那怎么会有伯夷、叔齐饿死在首阳山的事呢？假如说有智慧之人的主张就一定能得以实行，那怎么会有王子比干遭人剖心的事呢？"

子路退出来后，子贡进去见孔子。孔子问："子贡啊，《诗经》上说'不是犀牛，不是老虎，饥饿在旷野'。是什么原由？我的主张有什么不对吗，我为什么会落到如此境地呢？"

子贡说："夫子您的思想太博大、太高深了，所以天下没有哪位君主能够容纳得下先生您啊。夫子为什么不把自己的主张降低一些呢？"

孔子说："子贡啊，好的农夫知道怎样种植，但不一定能获得好的收成；好的工匠有高超的技巧，但不一定能满足所有人的意愿。君子能够修其大道，提纲挈领，理清思路，完善政治主张，却不能强迫别人采纳。如今你不培养德行而只为追求别人采纳。子贡啊，你的志向不够远大啊！"

子贡退出来，颜子进去见孔子。孔子说："回啊，《诗经》上说'不是犀牛，不是老虎，困顿在旷野'。是什么原由？我的主张有什么不对吗，我为什么会落到如此境地呢？"

颜子回答说："夫子您的思想博大精深，所以天下没有人能够容纳得下先生您啊。即使如此，夫子您仍然推行自己的主张，不被容纳又有什么可忧虑的啊，不被容纳方显君子的德行。没有好的主张，是我们的耻辱；有好的主张却仍然不被采用，这是各国掌权者的耻辱啊。不被采用又有什么可忧虑的啊，不被采用，然后才显出君子的品格！"

孔子欣然笑着说："说得对啊，颜氏的后生！如果你家富裕有了钱，我愿意给你管账呐。"孔子之所以愿意为颜子管账，是因为他们志同道合、心意相通，是真正意义上的"同道"。颜子所言的不同凡响之处在于：当一个人的理论主张不被采纳、不被理解时，当一个人怀才不遇甚至被嘲讽时，颜子提出了自己的应对方式。事实上，真理往往掌握在少数人手中。《老子》有言："上士闻道，勤而行之；中士闻道，若存若亡；下士闻道，大笑之。不笑不足以为道。"颜子所言也得到了孔子的由衷赞美，以至于孔子竟说愿意为颜子管账，这也反映出了他们师徒的亲密关系。《吕氏春秋·劝学》这样评价二人关系："颜回之于孔子也，犹曾参之事父也。"孔子和颜子名为师徒，实为同道，不是父子却情同父子。

## 四、颜子攫甑的故事

在跟随孔子周游列国的过程中，无论条件多么困难，颜子实现政治理想的决心从未改变，孔子对颜子的信任也从未动摇。在孔门中，颜子品行出众，但品行再好，也难免引起别人的误解，曾经有这样一则故事：

孔子被困在陈国和蔡国之间，随从的弟子七天都没有吃上粮食。子贡拿着携带的财货，偷偷地突出包围，向乡间的农夫请求买粮，最终买回来一石米。颜子、仲由两人在一间破旧的屋子里煮饭。饭做熟了，颜子打开锅盖，热气腾腾，忽然一块烟灰掉进了锅中。饭食来之不易，颜子舍不得丢弃，便把落灰的饭用勺子舀出来吃掉了。子贡正在水井边，恰好看见颜子的这一举动，很不高兴，以为颜子是在偷吃。他便走到孔子面前问道："仁义正直的人会因困境而改变他的操守吗？"

孔子说："改变节操怎么还能称得上仁义正直呢？"

子贡说："像颜回这样的人，他不会改变自己的节操吧？"

孔子说："是的。"

子贡便把他刚才看到颜回"偷"吃的情况告诉了孔子。孔子说："我相信颜回修行仁德很久了，虽然你刚才说了这样一件事，但是我仍然不怀疑他的为人，大概其中有什么其他原因吧！你暂且等一下，我这就问问他！"

孔子叫来颜回，说："前几天，我梦见了祖先，难道是祖先在启示和保佑我吗？你做好饭拿进来，我要用它来祭祀祖先！"

颜子回答说："刚才有烟灰掉到锅里，我如果不管它，一锅饭就不干净了；把弄脏的饭丢掉又太可惜，所以我就把带着烟灰的饭吃掉了。因此，这饭已经不能用来祭祀祖先了。"

孔子说："你做得对啊！换作我，我也会将脏了的饭吃掉的。"

颜子出去后，孔子回头看着其他几个弟子说："我对颜回的信任，不是从今天开始的。"

子贡、子路等弟子从此更佩服颜子了。

此事虽不见载于《史记》，但见载于《孔子家语·在厄》，应该是真实可信的。在如何化解误会方面，颜子又给我们树立了榜样，即坦坦荡荡、开诚布公，如果这样，一切误会都会消于无形。孔子与颜子是师生关系的典范，无论是身处困境，还是面临质疑，孔子对颜子的德行和品质都不会产生怀疑。可以说，孔颜之间的情谊是古往今来良好师生关系的代表，永远值得后世称颂。

## 五、颜子占筮的故事

随后，孔子派子贡出使楚国，以解陈蔡之围。子贡去后多日，仍未归来。这让孔子与弟子们都非常着急，于是才有占筮之事发生。《绎史·孔门诸子言行》记载了这样一则故事：

> 有一次，孔子派遣子贡外出办事。子贡去后多日，仍未归来。这让孔子与弟子们都非常着急。于是孔子让弟子们占筮一下，结果占得"鼎"卦。其他弟子说："卦中没有足的征兆，子贡来不了啊。"孔子不语，环视一周，只有颜子用手掩口而笑。孔子心中顿时释然，道："颜回笑了，是说子贡很快就会到吗？"颜子说："是的，卦中没有足的象，却有船的象，鼎无足，是因为子贡要乘船来啊；子贡快到了，就在明天早晨。"果然，子贡第二天一大早乘船而至。

《周易·鼎卦》载："九四，鼎折足，覆公餗，其形渥，凶。"意思是：移鼎不慎导致鼎腿折断，鼎倒了，王公的美食倒了出来，显得又脏又乱，凶险之极。孔子的其他弟子认为鼎无足，卦象为凶象，故而推测子贡不能回来了。然而颜子认为鼎卦上离下巽，离卦代表光明，下卦巽为木，象征着船，九四爻指向无足，说明子贡将会乘船而至。果然，子贡第二天早晨就乘船到了。我们通过这个故事可以看出，颜子对《周易》有着独特的理解与感悟。这种理解在孔门中可谓出类拔萃，充分展现了颜子的智慧和修养境界。"乘舟而来"的故事体现了颜子的智慧，也反映出颜子对《周易》有着很深的造诣。

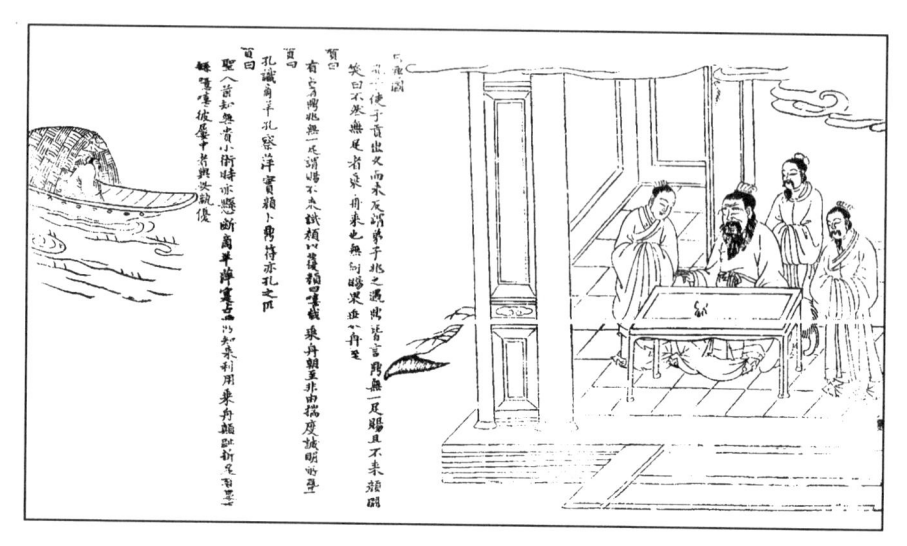

图 4-5　占鼎图（《复圣图赞》）

楚昭王发兵迎接孔子，使孔子师徒得以摆脱陈蔡之围的困境。楚昭王打算以书社之地 700 里封孔子，计划重用孔子师徒。楚令尹子西向楚昭王进谗言说："大王出使诸侯的使者有像子贡这样的吗？大王的宰辅有像颜回这样的吗？大王的将帅有像子路这样的吗？大王的各部官吏有像宰予这样的吗？如果孔丘得以占据封地，有贤能的弟子辅佐，这不是楚国的福分啊！"于是楚昭王放弃了任用孔子师徒的计划。这年秋天，楚昭王卒于城父，孔子师徒只得离开楚国。

总之，颜子不仅有宏伟的政治抱负、卓越的政治才能，而且有为实现理想抱负孜孜以求、躬行践履的精神。有学生问："颜子与商汤相比如何？"朱熹说："如果单就事业相比，颜子未必赶得上商汤。但就对后世的影响而言，那么商汤不如颜子。前辈人曾说大禹与颜子虽然是同道，但大禹比颜子又粗些。"在朱熹看来，颜子在事业上不及商汤，而就影响来看，无论是商汤还是大禹，都不如颜子。若颜子能为世所用，定能以卓越之才平治天下，从而惠及天下之民。但时逢春秋乱世，颜子无由施展其政治才华，留给后人的只有悲叹和惋惜。

# 第五章 孔子返鲁之后的颜子

公元前 484 年，齐军攻打鲁国，冉有为季氏将左师，在郎地同齐军作战，打败了齐军。季康子问他是怎样学会带兵打仗的，冉有回答是跟孔子学的，于是向季氏推荐了孔子。季康子派使臣公华、公宾、公林带着礼品迎接孔子师徒归鲁。颜子跟随孔子周游列国 14 年，回归鲁国时，颜子已经 38 岁。周游列国过程中的"匡地被围""宋人伐木""陈蔡绝粮"等事件并没有消磨颜子的心志，反而磨练了颜子坚韧无畏、百折不挠、顽强不屈的品格。这期间，颜子进行了一些政治活动，并与师友谈学论道，积极维护师门。

# 一、西游于卫　东游于齐

## 1. 西游于卫

颜子曾西游卫国，打算去施展自己的政治抱负。《庄子·人间世》载：

颜子拜见孔子，请求出行。

孔子说："你想到哪里去啊？"

颜子说："我要到卫国去。"

孔子说："到那里干什么呢？"

颜子说："我听说卫国国君正值盛年，独断专行，不重视国家治理，治理国家无视自己的短处，不珍惜人民的生命，以致死人以城计量，田地龟裂成为一片焦土，百姓走投无路了！我曾经听老师说：

'国泰民安的国家可以离开,混乱不堪的国家应该前去,好像医家的门前病人就多一样。'我愿意按照从老师那里听到的教诲,去思考计划我的行动,如果我前去治理,差不多能治理好卫国吧!"

颜子西行前往卫国,出行前向孔子辞别,并向老师请教治国之方。按照《庄子》一书所记,根据卫国的世系传承,此事发生的时间应该是卫出公继位之时。此时,颜子正值盛年,风华正茂,欲以所学在卫国大有作为,而孔子已过花甲,所以二人的处世方式不同。颜子决心救生灵于涂炭,"乱国就之,医门多疾",相信自己是治国之能手,这与孔子的"知其不可而为之"的社会责任感完全一致。

当然,孔子并不反对颜子的主张,而是不认同颜子急于求成的做法。他要求颜子先要心志纯一,用心来听取外物,而不要被外在的表象迷惑,只有达到"心斋"的境地,使自己的内心虚空,才能真正说服卫君,实现自己的理想。儒家这种"铁肩担道义"的精神在国家和民族面临危亡的重大关头,起到了重要的精神支撑作用,培养了中国士人主动承担历史责任的勇气。

图 5-1 心斋图(《复圣图赞》)

我们推测，正是孔子在卫国的一系列政治活动，使颜子产生了救民于水火的想法。有了孔子之前在卫国的种种铺垫，颜子才决心离开孔子再次造访卫国。

### 2. 东游于齐

据《庄子》记载，颜子又曾出游齐国。在出游齐国之前，颜子向孔子辞行。孔子担心颜子与齐国国君谈论黄帝、尧、舜治理国家的道理，担心齐国国君会扣留颜子，甚至将其杀害。《庄子·至乐》载：

> 颜渊要到齐国去，孔子面显忧愁。子贡离开座席，上前问道："学生冒昧地请问，颜渊往东去齐国，先生面显忧愁，这是为什么呢？"孔子说："你的提问实在太好了！从前管仲有句话，我认为说得很好，他说：'小袋子不可能包裹大物品，短绳索不可能汲取深井里的水。'如此说来，就应当看作是禀受天命而形成形体，形体虽异却各有适宜的用处，都是不可以随意添减改变的。我担心颜渊跟齐国国君谈论尧、舜、黄帝治理国家的主张，而且重申燧人氏、神农氏的言论。齐国国君听了将以此要求自己，却无法做到，做不到就会产生疑惑，一旦产生疑惑便会迁怒于建言者而杀害他。况且你不曾听说过吗？从前，一只海鸟飞到鲁国都城郊外，鲁国国君让人把海鸟接到太庙里供养献酒，演奏《九韶》之乐使它高兴，用牛、羊、猪肉作为膳食。海鸟看得眼花缭乱，内心忧愁悲惧，不敢吃一块肉，不敢饮一杯酒，三天就死了。这是按自己的生活习性来养鸟，不是按鸟的习性来养鸟。按鸟的习性来养鸟，就应当让鸟栖息于深山老林，游戏于水中沙洲，浮游于江河湖泽，啄食泥鳅和小鱼，随着鸟群的队列而栖息，从容自得、自由自在地生活。鸟最讨厌听到人的声音，为什么还要那么喧闹嘈杂呢？在广漠的原野上演奏《咸池》《九韶》之类的乐曲，鸟儿听见了腾身高飞，野兽听见了惊惶逃遁，鱼儿听见了潜入水底，人们听见了却会围着观赏。鱼儿在水里才能生存，人处在水里就会死去，人和鱼必定有不同之处，他们的好恶因

而也一定不一样。所以过去的圣人不强求他们具有整齐划一的能力，不强迫他们做同样的事情。名称要定立在实际事物之上，义理要适合人们的自然情性，这就叫条理通达才福德长久。"

关于颜子东游于齐是否真有其事，又是如何进行的，由于没有其他史料来佐证，仅依据现有资料难以确定。

针对有人认为颜子有避世倾向的主张，张宗舜根据《论语·卫灵公》记有"颜渊问为邦"，以及《庄子·至乐》《庄子·人间世》等篇曾提及颜子"将之卫""东之齐"等，认为颜子并没有逃避现实或隐逸的倾向。相反，颜子是一个努力躬行实践、欲大有作为的人，是积极处世的。颜子是孔子最得意的弟子，他所说的"垂拱无为"近于《周易·系辞下》中的"黄帝、尧、舜垂衣裳而天下治"，属于孔子所说的"恭己正南面"的"无为而治"，与道家的"无为而治"不同。

## 二、用之则行　舍之则藏

对于"智者自知"的颜子来说，选择并坚持"舍藏"的哲学，加强自身修养，即使不被当政者重用，也依然是君子之道。孔子曾说："可与共学，未可与适道；可与适道，未可与立；可与立，未可与权。"意思是，可以一同学习的人，未必可以与他一起达到常道；可以与他一起达到常道的人，未必可以树立常道；可以与他一起树立常道的人，未必可以通达权变。颜子就是可以与孔子达到常道且通达权变的人，所以孔子说"唯我与尔有是夫"。孔子又曾说："邦有道，贫且贱焉，耻也；邦无道，富且贵焉，耻也。"故而，颜子终生未仕。面对箪食瓢饮的清贫生活，他泰然处之，自得其乐。他"鼓琴足以自娱"，所乐在"夫子之道"，颜子真正做到了"君子谋道不谋食"。

图 5-2　鼓琴自娱图（《复圣图赞》）

## 1. 善游者忘水

儒家追求内圣外王、文质合一，既重视内在的道德修养，又注重外在的礼仪规范。《庄子·达生》记载了一则"善游者忘水"的故事：

> 颜子问孔子："我曾经过一个名叫觞深的深潭，摆渡人驾船的技术非常神妙。我问他：'驾船技术可以学习吗？'他回答：'可以。善于游泳的人很快就能学会，至于会潜水的人，即使从来没有见过船，也能轻巧地驾驶船只。'我问这是什么道理，他就不告诉我了。请问他说的这些话应当怎样理解呢？"
>
> 孔子说："善于游泳的人很快就能学会，因为他丝毫不把水放在心上。至于会潜水的人，即使从来没有见过船，也能轻巧地驾驶船只，是因为他看待深潭就像山陵一样，看待舟船的倾覆就像上山坡的车子向后退却一样。万物倾覆、倒退同时出现在他面前，但丝毫不会影响他的内心活动。这样的人哪里会不从容呢？用瓦作赌注进行赌博，技术一定会得到高超的发挥；用铜制的带钩作赌注进行赌博，心里就有所顾忌、害

怕；用金作赌注进行赌博，脑子就会糊涂昏乱，技术无从发挥。赌博的技巧是一样的，因为赌注的不同而有不同的心境，从而影响了技术的发挥，这是把外物看得太重的缘故。凡是看重外物的人，内心一定笨拙。"

儒家重成物、重外王，但成物是成己的方式，外王是成就内圣的方式，所以重外王并不是看重外在的物质享受、名誉、地位。"凡外重者内拙"中的"外"，是指外在的地位、权势、财富等，并非指外在的功业。颜子居陋巷，一箪食，一瓢饮，人不堪其忧，颜子不改其乐，正是因为他懂得"外重者内拙"的道理。颜子在立德方面为后世树立了典范：求仁为仁、尊师重道、志行高洁、安贫乐道。他作为一个有着独立思想的儒士，看到了时代变迁带来的战争灾难，体悟到了世间冷暖带来的生活痛苦。颜子处在春秋末期这样一个"礼崩乐坏"的社会大变动时期，用行舍藏无疑是他最明智的选择。

## 2. "三不朽"的智慧

儒家认为只要遵循伦理原则，无论是从政一方以造福人民，抑或镇守边疆以建立军功，还是著书立说以传诸后世，都可以实现个人的人生价值，因此一个人成功的路径并非只有入仕一条。《论语·季氏》载："孔子曰：'见善如不及，见不善如探汤。吾见其人矣，吾闻其语矣。隐居以求其志，行义以达其道。吾闻其语矣，未见其人也。'齐景公有马千驷，死之日，民无德而称焉。伯夷、叔齐饿于首阳之下，民到于今称之。其斯之谓与？"孔子指出"见善思齐"的人是存在的，然而没有见过通过隐居来保全自己的意志、依义而行来实现自己主张的人。齐景公富而不仁，没有什么德行值得后世称许；而伯夷、叔齐贫而有德，依然能够流芳百世。一个人或者以道德垂教万世，或者以功德施惠于人民，或者以著述影响于后世，种种方式都可以让人实现"不朽"的生命价值。

人的生命是有限的，但其价值可以超越生死，得到永存。对颜子来说，要想超越生死，就必须"求道"，即求"仁之道""德之道"。"名"

是一个人生命价值存在的明证。孔子曾说："君子疾没世而名不称焉。"孔子指出真正的君子应该努力使自己立名于世，并以其名字不为人们所称颂而遗恨。以立名于世来求得精神上的永生，这也许是儒家化解生死的一大智慧。《左传·襄公二十四年》载："大上有立德，其次有立功，其次有立言。"此为中国历史上的"三不朽"之说。唐代孔颖达在《春秋左传正义》中对立德、立功、立言分别做了界定："立德谓创制垂法，博施济众"；"立功谓拯厄除难，功济于时"；"立言谓言得其要，理足可传"。"立德"是就道德操守而言，"立功"是就事业功绩而言，而"立言"指的是把真知灼见形诸文字，著书立说，传诸后世。在短暂的生命中，人们总想把握历史中永恒的东西，可以说，对不朽之名的追求可以激励个体生命拼搏奋进、建功立业。儒家通过对"名"的不懈追求，来提升人的道德境界，实现"内圣外王"，实现人生价值，实现"为天地立心，为生民立命"的人生使命，使个体生命超越有限、超越生死，体现了儒家化解生死问题的大智慧。

颜子既有期于尧舜的宏伟之志，又有安贫乐道的处世态度。春秋时期，征伐不断，战乱不息，颜子将尧舜之志舍而藏之，一箪食，一瓢饮，居陋巷，怡然自得，这是颜子的境界、颜子的伟大，也是颜子之所以为颜子处。颜子志大舜之所志，思大舜之所思，行大舜之所行。大舜之所以从耕历山、渔雷泽，最终而为天子、为圣王，是因为他处于圣君统治的时代，并遇到了赏识自己的尧王。春秋末年，天下无道，礼崩乐坏，圣王不在，贤君亦不可期，颜子安贫乐道，箪食瓢饮，退居陋巷，不也很适宜吗！圣贤易地皆然，如果大舜处于颜子时代，同样会和颜子一样，箪食瓢饮，乐圣贤之道；如果颜子处于大舜时代，也会明德天下，教化众人，惠天下之民。"用则行，舍则藏"，这是圣贤的境界。"遁世不见知而不悔"，这是圣贤的气度。

## 三、请益师友　谈学论道

跟随孔子返回鲁国之后，颜子对许多问题的认识更加深刻，其心态更加稳定。颜子也有更多的时间请益师友、谈学论道了。

### 1. 关于"君子""小人"的讨论

颜子逢疑必问，孔子有问必答。颜子曾就"君子"和"小人"的问题多次向老师发问。颜子问君子，孔子回答说："爱近仁，度近智，为己不重，为人不轻，君子也夫。"拥有爱心就接近仁德，善于谋划就近于智慧，替自己打算得不多，替别人考虑得不少，这就是君子。孔子认为君子就是充满爱心、善于谋划、多替他人着想的人。对于老师的回答，颜子深感难以实现，于是再问君子之"其次"。孔子再次作答："弗学而行，弗思而得。小子勉之。"孔子所答并非低一层次，相反是高一层次，那就是"不用学习就能行为通达，不用思考就能得到结果"。师生的问答体现了颜子的多思善问和孔子的循循善诱。

颜子向孔子请教什么样的人是小人。孔子说："毁人之善以为辩，狡讦怀诈以为智，幸人之有过，耻学而羞不能，小人也。"把诋毁别人的优点当作自己善辩，把心怀狡诈地揭发别人当作有智慧，见到别人的过失就高兴，以向别人学习为耻辱，又瞧不起没有才能的人，这种人就是小人。小人与君子相对，是道德低下、行为不端、品质顽劣的人。小人不一定智力低下，相反还时时表现出自己的"聪明才智"。小人知道别人的缺点在哪里，也知道自己的不足之处，但小人对别人的缺点冷嘲热讽，对自己的缺点熟视无睹，"耻学而羞不能"。这就是说，小人是德行有问题，不一定是智商有问题。小人没有包容心、平常心和同情心。颜子知道了君子、小人的本质区别，但他认为二者在一些方面还有外在相似之处，小人有时候甚至能够混淆视听，让人误作君子。

经历了前两次发问之后，颜子通过自己的观察，发现小人在说话上与君子一样，甚至比君子说话还漂亮，所以不能不对人们的言语进行分析与考察。因此，颜子继续问孔子："小人之言有同乎君子者，不可不察也。"孔子回答说："君子以行言，小人以舌言。故君子于为义之上相疾也，退而相爱；小人于为乱之上相爱也，退而相恶。"意思是，君子用自己的行为说话，小人只凭舌头说话。所以君子在道义上相互批评和激励，私下相处十分友爱；小人在制造祸乱上相亲相爱，私下里却互相憎恶。孔子进一步指明如何从言语上分辨君子与小人。他认为君子用行动说话，行动是一切最好的说明，小人只说空话，将漂亮的言辞挂在口头上，心口不一，言行相违。所以，孔子强调"仁者，其言也切"，君子"先行其言而后从之"，指出应先去践行，有些话在践行以后再说。颜子重践行，正是因为明白了孔子教诲的真谛。可以说，正是因为孔子的循循善诱、诲人不倦，颜子才能日进无疆，达于德行的极至。

### 2. 关于文仲、武仲优劣的辩论

颜子与老师孔子谈学论道，互相辩难，互相启发。《孔子家语·颜回》记载了这样一件事：

> 孔子认为武仲贤明，颜子却认为文仲贤明。首先，颜子批评武仲说："武仲虽然被世人称为圣人，可自身未能免于死罪，这说明他的智慧不值得表扬；他喜欢谈论兵法，却被邾国打得大败，挫伤了锐气，这说明他的智慧不值得称赞。而臧文仲呢，虽然他已经死了，但他的言论得以流传，哪有不贤明的地方呢？"
>
> 孔子听了颜子的观点后，批评文仲说："身死而思想得以流传下来，这是臧文仲能够成为文仲的原因。可是他做过三件不讲仁爱的事情，做过三件不明智的事情，这就决定了他赶不上武仲！"

颜子说："能具体说说，让我听听是怎么回事吗？"

孔子说："使展禽居于下位、设置六关征税、让家里的妾编织草席贩卖，这是三件不讲仁爱的事情；为卜龟设置豪华的居所、纵容逆序的祭祀、让国人祭祀海鸟，这是三件不明智的事情。臧武仲在齐国时，预感到齐国将要发生祸乱，所以没有接受齐国的封地，避免祸及己身，这是明智之举中尤其不易做到的。臧武仲如此明智，还不能被鲁国容纳，也是有原因的。他做事没有顺从事理，施行起来不合仁爱之道。《夏书》里说：'想着这里，就一心扑在这里，一切要顺从事理，合乎仁爱之道。'"

由上述记载可知，孔子认为臧武仲好，但颜子认为臧文仲好。臧文仲、臧武仲祖孙二人孰优孰劣是个见仁见智的问题，视角不同，对他们的评价就会不同。孔子有孔子的根据，颜子有颜子的道理。今天再讨论臧文仲和臧武仲孰优孰劣已经没有多少意义了，但颜子与孔子关于此事的争论有着特殊的意义。长久以来，颜子给人们留下的对孔子终日"不违如愚""亦步亦趋"的印象，以及"不迁怒，不贰过"的性格，遮蔽了颜子与老师孔子平等交流、互相论辩的一面。这则故事的最大价值就在于还原了颜子与孔子谈学论道的真实场景，两人互相辩难，互相启发，从而体现了真理愈辩愈明的道理。

### 3. 对"仁"与"智"提升路径的探讨

返回鲁国国都之后，随着颜子的声望日益提高，来向颜子请益的人逐渐增多，其中不乏当时社会上一些有地位的人，如鲁国大夫仲孙何忌。仲孙何忌是鲁国贵族孟孙氏第九代宗主，本姓仲孙，也称孟孙，名何忌，是孟僖子的儿子、南宫敬叔的哥哥，与弟弟南宫敬叔同是孔子的学生。

仲孙何忌问道："道德高尚的人如果分别只讲一个字有益于仁德的

提高和智慧的增长，你能不能说给我听听？"

颜子回答说："如果说一个字对智慧有益，没有比'豫'这个字更好的了；如果说一个字对仁德有益，没有比'恕'这个字更好的了。"

仲孙何忌继续问："那么应该采取什么方法来做呢？"

颜子说："知道做事不可用这种方法做，也就知道该用什么方法做了。"

仲孙何忌正是因为意识到仁、智对人的重要性，而颜子有"三月不违仁"的美誉，更兼有"闻一知十"的智慧，故而向颜子请教是否有简捷之法做到既仁且智。《礼记·中庸》说："凡事豫则立，不豫则废。"做任何事情之前，都应有所准备，不做准备，就不会获得成功。由此可见"豫"的重要意义。依孔子的解释，"恕"就是"己所不欲，勿施于人"。将心比心、推己及人就是恕道精神。《大学》中有所谓"絜矩之道"："所恶于上，毋以使下；所恶于下，毋以事上；所恶于前，毋以先后；所恶于后，毋以从前；所恶于右，毋以交于左；所恶于左，毋以交于右。此之谓絜矩之道。"意思是，自己若厌恶处于上位的人的行为，那就不要用同样的方式对待处于下位的人；自己若厌恶处于下位的人的行为，那就不要用同样的方式对待处于上位的人，对于自己身边的人也是同样的道理。由此可以看出，颜子已充分认识到"豫"和"恕"的作用，对仲孙何忌的教诲切中肯綮，体现了颜子非凡的人格魅力。

### 4. 颜子的知人之智

儒家以知人为智，正如子贡所言："知者知人。"孔子有着至圣的智慧，拜谒七十多位国君，教过三千弟子，拥有超凡的识人智慧。孔子认为，人要有识人之智，需杜绝四种毛病，"毋意，毋必，毋固，毋我"，即不凭空猜测，不绝对肯定，不固执己见，不自以为是。他说正确认识一个人，要"视其所以，观其所由，察其所安。人焉廋哉？人焉廋哉？"

首先是"视其所以",从一开始就要观察他这样做的理由和动机;其次是"观其所由",就是观察他做事的过程和方法;再次是"察其所安",就是还要看他心安于什么地方。孔子看人不仅听他怎么说,更重要的是看他如何做,是否言行一致、表里如一。孔子说:"始吾于人也,听其言而信其行;今吾于人也,听其言而观其行。"孔子又说"巧言令色,鲜矣仁",花言巧语、巧舌如簧的人是很少有仁德的,这是孔子观察人的经验之谈。他认为看一个人不能仅凭主观印象或只言片语,要以他的实际行动作为依据,这体现了儒家言行一致的人格要求。

那么复圣颜子知人的智慧如何呢?他具有知微知彰的辨识之智。我们首先来看一下"鼓钟于宫,声闻于外"的故事,从中可见颜子的知人之智。据《韩诗外传》载,有一天,孔子会见客人。客人走后,颜子说:"这位客人是有仁德的人吗?"孔子说:"他心中有很大的怨气,讲起话来嘴都大到前额了。至于仁德,我却不知道他有啊。"言外之意是,此人不属于仁人之列。一向"不违如愚"的颜子对孔子的话深有同感,感慨地说:"优良的美玉,如果长度过尺,即使有十仞厚的泥土,也掩埋不了它的光辉;优良的宝珠,如果大得超过了一寸,即使有百仞的深水,也掩盖不了它的光泽。我们说形体包裹着人的内心,常常担心身体太单薄而不能包裹内心啊!倘若有善良的美德在心中,就会在眉宇之间显现出来;倘若有污点和小毛病在内心,眉宇之间也是隐藏不了的啊!《诗经》上说'鼓钟于宫,声闻于外',说的就是内心的品质必定会显现到外面来啊。"颜子由孔子的一番话悟出了察人识人的道理,由一个具体评判他人的事例,概括出辨别人的外表与内心关系的普遍规律。我们从中可以管窥颜子"闻一知十"的圣人智慧。

总之,颜子进行过一些政治尝试,虽然没有取得成功,但是这些尝试让颜子更加清醒地认识到诸侯国当权者的真实面目,更加深刻地理解了当时的社会现实。颜子有着为相一国的志向,以仁德教化百姓,欲开创政通人和、万民安乐的治世景象。他曾自言其志说:"愿得小国而相之。主以道制,臣以德化，君臣同心，外内相应。列国诸侯，莫不从义向风，壮者趋而进，老者扶而至。教行乎百姓，德施乎四蛮……"无奈春秋末期，社会礼崩乐坏，诸侯征伐不断，生灵涂炭。颜子目睹并经历了孔子之大道不被统治者理解，甚至遭到执政者误解、排斥与打击的过程，他清楚地看到以孔子之至圣尚且"周流海内，再干世主，如齐至卫，所见八十余君"[1] 而不得重用于当世的现实，更何况自己呢！

---

[1] 若据《吕氏春秋》，则为八十余君；若据《史记·十二诸侯年表序》，则为七十余君。《吕氏春秋》所记未免有夸张的成分，笔者认为应以《史记》所记为准。

# 第六章

# 颜子英年早逝

颜子在生命的最后几年，除了短时间的西游卫国、东游齐国，大部分时间都居于曲阜。他主要做以下两方面的事情：一是按孔子的意愿继续收徒讲学，协助孔子传播儒学，这为后来"颜氏之儒"成为单独的学派奠定了基础；二是帮助孔子整理上古流传下来的典籍，如《易》等，使之流传后世。

## 一、习易知微

易学是颜子的家学。据传小邾国世代传《易》，始封国君颜友酷爱研读《三坟》《五典》《八索》《九丘》。据《公羊传》记载，颜友在立国后，对外韬光养晦，对内则修国政，兴国学，实施以文治国的方略。他的这些举措为其曾孙犁来把小邾国建成

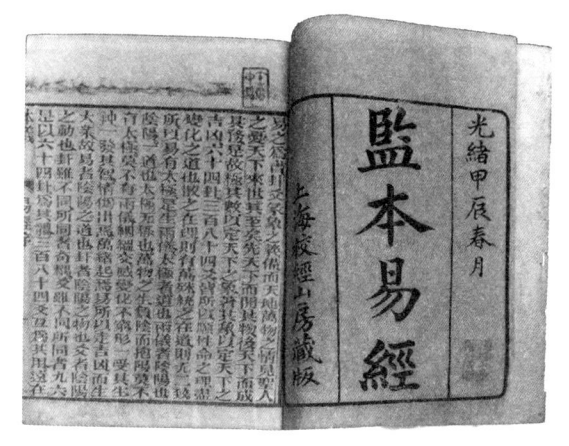

图 6-1　《周易》书影（张旭丽提供）

名显于诸侯大国之列的文化强国奠定了坚实基础。虽然 2002 年枣庄市山亭区东江考古发现的小邾国墓葬随葬铜器的数量只有 63 件，但是有 24 件带铭文，铭文铜器所占比例之高在已发现的春秋早中期诸侯国墓中是罕见的，这说明小邾国的文化在当时是先进的。

## 第六章 颜子英年早逝

孔子曾说："加我数年，五十以学《易》，可以无大过矣。"孔子认为自己如果早些年学习《周易》，就可以避免大的过失了。《史记·孔子世家》载："孔子晚而喜《易》，序《彖》《系》《象》《说卦》《文言》。"孔子花了很大的精力，反复研究《周易》，又附注了许多内容，翻开来又卷回去，不知阅读了多少遍。孔子这样反复研读，把串连竹简的带子磨断了好几次，不得不换上新的再使用，这就是典故"韦编三绝"的来源。孔子晚年在深入研究《周易》的基础上，创造性地发挥了《周易》本源的思想。

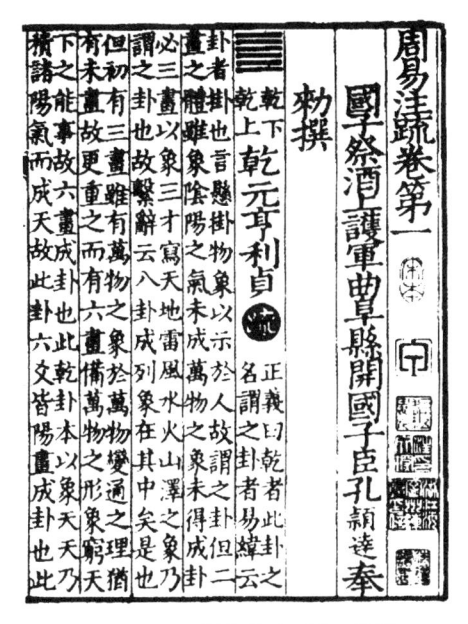

图 6-2 《周易注疏》书影
（张旭丽提供）

相传孔子曾为《易经》作《十翼》。《易经》中涉及的孔子弟子仅有颜子，可见颜子对《周易》有着极深的研究。《周易·系辞下》这样记载孔子对颜子的评价："颜氏之子，其殆庶几乎？有不善未尝不知，知之未尝复行也。《易》曰：'不远复，无祗悔，元吉。'"意思是，颜子大概算得上是道德近于完美的贤能之士吧？对于自己的不好没有察觉不到的，知道了就不再重复犯错误了。孔子还引用《周易·复卦》初九的爻辞，解释颜子的"有不善未尝不知，知之未尝复行也"。这与后来颜子被封为"复圣"不无关联。《周易·复卦》初九"刚阳来复，处卦之初"，是说在刚开始时，就是有过失也不会严重，能够迅速改正，并且不会再次出现同样的过失，所以说失之不远而复则不至于悔，大善而元吉。可见，颜子对刚刚萌于心的错误有着相当强的感知能力，知道后会把握先机谋求改正，而不使其过度发展。正是因为有着较强的感知能力，并通过加强自身的道德修养，克己修身，及早改过，所以才不会达到后悔的地步，颜子真如至清之水，纤芥必见。《抱朴子内篇·勤求》有言:"人谁无过,过而能改,日月之蚀,睎颜氏之子也。"

关于颜子是否曾帮助孔子整理过《诗》《书》《礼》《乐》,已无从考证。但颜子参与了《周易》的整理,因为在《周易》的一些章节中可以看到颜子的影子。颜子对世间万物的预测已达到通晓规律、彻悟根源、穷神知化的地步。《孔子家语·颜回》记载:

> 颜回问孔子说:"完美的人的德行是什么样子的?"
>
> 孔子说:"彻悟人性的道理,通晓万物的变化,懂得明暗的原因,洞察风云的变幻,像这样就称得上完美的人了。既能称得上完美的人,又能以仁义礼乐指导自己的行为,这就是完美人的德行了。如果能穷尽事物的精妙并把握其中的变化之机,那么德行就极高了。"

孔子所说的成人不仅是自然年龄意义上的成人,而且是精神意义上的成人,即知识广博、感知灵敏、人格健全、对世间人事能知其然及所以然的人。"达于情性之理,通于物类之变,知幽明之故,睹游气之原"是指彻悟人性的道理,通晓万物的变化,懂得明暗的原因,洞悉风云的变幻。如果能在此基础上,以礼乐仁义指导自己的行为,进而穷尽宇宙变化的神妙,那么德行就极高了。孔子对颜子的回答实际上代表了孔子对颜子的希望。就颜子而言,他确如孔子所期,达到了穷神知化的境界。颜子早年习易,领悟易道极深,在某些方面甚至超过了老师。

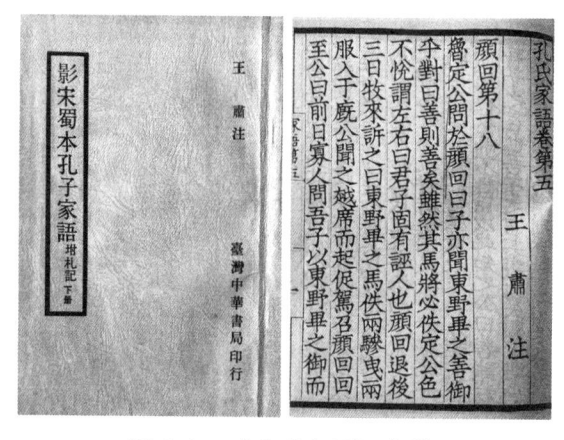

图6-3 《孔子家语》书影

由于既要辅助孔子教授弟子,又要帮助孔子校阅典籍,用力甚殷,所以颜子虽然年龄不满 40 岁,但身体大不如前,头发开始变白,牙齿也开始松动。在颜子的精神感召和言行影响下,一个儒家学术群体——颜氏之儒形成了。颜氏之儒作为传道之儒,继承和拓展了孔子天道性命的形上智慧,以自强不息、奋进不已作为人生信条,追求用行舍藏、乐天知命的人生境界,向往没有战争、没有纷争的大同社会。从颜氏之儒的特征来看,颜氏之儒与《系辞》《彖》《象》《文言》等有着内在的联系,《系辞》《彖》《象》《文言》《序卦》有可能是颜氏之儒的作品。①

图 6-4　问成人图(《复圣图赞》)

公元前 484 年,孔子在 68 岁时自卫返鲁,结束了长达 14 年的周游列国生涯。在其人生最后几年,这位曾任大司寇的"国老"将全部精力投入对儒家"六经"的整理之中。传说为了集中精力整理《春秋》,孔子晚年搬到曲阜城东南息陬的一座院落,克服艰难困苦,终于撰成我国第一部编年体史书——《春秋》。《左传》说《春秋》"微而显,志而晦,婉而成章,尽而不

---

① 参见颜炳罡、陈代波《从颜氏之儒的思想特质看其与易学的关系》,《周易研究》2004 年第 3 期。

污，惩恶而劝善"。班固说："孔子著《春秋》而乱臣贼子惧。"

"孔子作春秋处"石碑位于曲阜息陬镇息陬村春秋书院正门东侧。息陬春秋时曾为古陬邑所辖，而孔子的父亲叔梁纥曾任陬邑大夫。春秋书院位于今曲阜高铁东站孝养院附近，民间传说此处夏季百米之内无蚊虫，因此孔子搬至此处专心整理《春秋》。书院东侧今悬有巨型毛笔，下为浣笔池，传说附近的蛤蟆夏夜不会鸣叫，以防打扰孔子著书。

图 6-5　曲阜息陬镇春秋书院正门

图 6-6　"孔子作春秋处"石碑

图 6-7　春秋书院正门东侧的巨笔

## 二、维护师门

颜子积极维护师门，以大局为重，从不强调自我。在孔子晚年时，颜子是当仁不让的孔门继承人，虽然声望日隆，地位日渐显著，但他从不张扬自我，依然与同门共同维护师门。

图 6-8　克复传颜（《孔子圣迹图》）

### 1. 攻其恶，无攻人之恶

叔孙武叔是鲁国"三桓"之一，虽然身为大夫，但好搬弄是非、道人长短，甚至肆意诋毁他人，即使是孔子，他也不放过。《论语·子张》载："叔孙武叔语大夫于朝曰：'子贡贤于仲尼。'子服景伯以告子贡。子贡曰：'譬之宫墙，赐之墙也及肩，窥见室家之好。夫子之墙数仞，不得其门而入，不见宗庙之美，百官之富。得其门者或寡矣。夫子之云，不亦宜乎！'叔孙武叔毁仲尼。子贡曰：'无以为也！仲尼不可毁也。他人之贤者，丘陵也，犹可逾也；仲尼，日月也，无得而逾焉。人虽欲自绝，其何伤于日月乎？多见其不知量也。'"叔孙武叔在朝中对大夫们说："子贡比仲尼有贤德。"子服景伯把这话告诉了子贡。子贡说："譬如房屋的围墙，我家的围墙只有齐肩高，从墙外可以看到我家的好东西；但老师家的围墙有数仞高，找不到大门走进去，就看不见里面宗庙的雄美、陈设的富丽。能够找到大门登堂入室的人或许太少了。叔孙武叔这样说，不也是很自然的吗？"子贡认为孔子的贤德就像日月，是无法超越的。这恰恰说明叔孙武叔喜欢论人短长，故意挑拨师徒关系，因此受到子贡的严辞批驳。后人常常用"万仞宫墙"形容孔子学问的高深。

图 6-9　武叔问答图（《复圣图赞》）

叔孙武叔大概是出于对颜子的仰慕，就到颜子那里寻求支持。颜子明确指出，诋毁别人，枉议他人是非短长，是自招其辱！"'言人之恶，非所以美己；言人之枉，非所以正己。'故君子攻其恶，无攻人恶。"意思是，议论别人的缺点，并不能美化自己；议论别人的错误，并不能说明自己正确。所以君子攻击自己不好的地方，但不攻击别人不好的地方。一个有修养的人应该经常反省自己的不足，而不是一味批评别人的缺点。颜子对他的教诲是非常深刻的。宗圣曾子临终时曾说:"我没有师兄颜子那样的至理名言留给你们,我拿什么告诉你们呢!"曾子告诫自己的儿子曾元、曾华应多向颜子学习。由此可见,曾子在临终前,仍对颜子念念不忘。颜子的"君子攻其恶,无攻人恶"至今仍有重要的教育意义。在孔子晚年时,颜子与众同门相处得非常融洽,大家共同学于孔门、维护孔门。

图 6-10　曲阜万仞宫墙

### 2. 吾国有圣人

颜子认为孔子能够不用心智而只用形体感官来处世应物,是当今之圣人。孔子在颜子心中,不仅是"仰之弥高,钻之弥坚。瞻之在前,忽焉在后"的夫子,而且是"不勉而中,不思而得""废心而用形"的圣人。

图 6-11　曲阜复圣庙仰圣门

有一次，陈国大夫到鲁国访问，私下去会见鲁国贵族叔孙氏。叔孙氏对陈国大夫说："我们鲁国有一位圣人。"陈国大夫说："莫不是孔子吧?"叔孙氏说："是的。"陈国大夫问："你怎么知道孔子是圣人呢?"叔孙氏说："我常常听他的学生颜回说：'孔丘不用心智而只用形体感官就能处世应物。'"叔孙氏是鲁国大夫，深以鲁国有孔子这样的杰出人物而自豪，故而向来访的陈国大夫夸耀"吾国有圣人"。他称孔子为圣人，并不是以自己的判断为根据，而是转述颜子的话作为孔子之所以是圣人的根据。

在儒家的观念系统中，圣人即体现天道的人，即与天道流行完全契合的人。"诚者不勉而中，不思而得，从容中道，圣人也。"圣人之心即天心，天心即天道。"废心"正是"不勉而中，不思而得"，"用形"恰是"从容中道"。圣人身心合一，心形如一，心处即形处，形处亦无不是心处，举手投足无不是道体的表露，语息动默无不是天心的显现。颜子说孔子"废心而用形"，真正是孔子的知音。

### 3. 谏诤子路

益者三友，孔子和颜子曾对勇猛刚直的子路提出建议，衷心劝谏。据《说苑》记载，孔子问子路有何爱好，子路自称"好长剑"。"好长剑"说明子路好勇。孔子曾批评子路，说他好勇超过自己，这样的勇就没有什么可取之处了。子路曾问孔子："子行三军，则谁与？"其实是让孔子承认，如果领兵作战，冲锋陷阵，非他莫属。子路是孔门力量的象征、勇敢的标志。儒家崇尚德行，并不是不要勇敢，而是提倡德行胜过勇敢，而不是勇敢胜于德行。《论语·先进》有言："子路，行行如也……'若由也，不得其死然。'"行行就是刚强的样子。孔子对子路的悲剧命运是有预感的，他深知一个暴虎冯河、死而无悔的人往往会因勇猛刚烈而过早去世。

图6-12　告子路图（《复圣图赞》）

颜子对子路的命运也有预感，认为他力猛于德，不会得到善终，因而劝告他要谨慎小心。颜子是孔门仁义的象征、德行的代表。颜子曾就子路的血气之勇提出建议。颜回谓子路曰："力猛于德而得其死者鲜矣，盍慎诸焉？"意思是，勇猛胜过德行的人能正常死亡的很少啊，为什么不谨慎些呢？子路就要离开鲁国，他前往颜子处告别。师兄与师弟依依惜别，临行前子路对颜子说:"你有什么话赠给我吗?"颜子说:"我曾经听说过这样的话:离开自己的国家,要到祖坟上祭祀、哭泣,然后再出发;返回自己的国家时,就不要哭泣了,恭敬地省视先人的坟墓之后就可以回家了。"

颜子对卫国的政治情况比较了解,深知卫国政局复杂,更兼知孔悝、太子蒯聩、卫出公等人复杂的关系,预料子路此次赴卫凶多吉少。当子路向颜子辞行,向颜子索要赠言的时候,颜子告诉他:"去国,则哭于墓而后行。"人生旅途充满艰险,离家远游,许多事情难以预测,甚至可能往而不返。颜子以"闻一知十"的智慧以及知微知彰、洞察秋毫的睿智,预测子路此去可能是永别。在颜子看来,子路此次哭墓可能是最后一次。果不其然,子路死于卫国之乱。

图 6-13 赠别子路图(《复圣图赞》)

### 4. 与宰予的辩论

颜子曾与孔门十哲之一宰予就礼制方面的问题进行辩论。宰予,字子我,又称宰我,个性鲜明,善为说辞,性情豪放。"朽木不可雕也"就是孔子对宰予的教导。古时候没有现代照明设备,夜间照明困难,因此白天的时间格外珍贵。但宰予公然在白天睡觉,孔子发现后予以严厉责备,斥责他"朽木不可雕也"。这句话后来成为比喻学生难以教化的典型用语。不过,宰予毕竟是孔门高足，孟子说"宰我、子贡善为说辞"，又说"宰我、子贡、有若智足以知圣人"。

颜子与宰予曾就三年之丧的问题进行辩论。宰予主张缩短服丧的时间，不同意为父母守丧三年。他说从天上的日月星辰到地上的万物，从天上的百鸟到地上的黍稷，一年之内都已过了一个轮回，死去的人经过一年也已经腐烂，所以一年的丧期就足够了。宰予主张变革礼制，想缩短丧期。颜子则认为在当时的社会背景下，应维护周礼。他说，宰予只知其一，而不知其他，只知赤手空拳与老虎搏斗有危险，不知徒步涉水渡过黄河更艰难！三年之丧是礼的规定，而礼的意义在于返本报始。鹿生三年，其角乃堕，人生三年，方能离开父母的怀抱。既然我们得父母三年之爱，理应为父母守丧三年。父母对子女而言如同天地，父母之丧如同天崩地坏，为父母守丧三年是理所应当的。颜子的话并没有使宰予心悦诚服。于是宰予继续向孔子申明自己的观点——只需为父母守丧一年，结果被孔子斥为"不仁"之人。

### 5. 躬自厚德

儒学是"修己安人"之学。孔子说："躬自厚而薄责于人，则远怨矣。"颜子之行正如夫子所言。律人必先律己，责人薄而责己厚，这样就可以避免别人的怨恨了。子贡是孔门中善为说辞的代表，具有杰出的外交才华，曾多次顺利完成出使任务。他还是孔门弟子中最富有的人，据说他长于货殖，家累千金。旧时，中国商人常常在自己的店铺内悬挂八个大字的楹联——"陶朱事业，端木生涯"。端木指的就是子贡，因为他复姓端木，名赐，子贡是他的字。孔子也说他"货殖焉，亿则屡中"。颜子曾对子贡说："吾闻诸夫子：'身不用礼而望礼于人，身不用德而望德于人，乱也。'夫子之言，不可不思也。"意思是，我听老师说，自己不躬行礼仪却希望别人遵循礼仪，自

图6-14 颜子楷雕像
（颜景新作）

己不践行仁德却希望别人践行仁德，这样就会混乱。老师所说的话，我们不能不认真思考啊。颜子向子贡转述孔子的话，指出一个人在德行方面只有率先垂范、勇于践行，才能得到他人的认可。

《论语·泰伯》这样记载颜子："以能问于不能，以多问于寡；有若无，实若虚；犯而不校——昔者吾友尝从事于斯矣。"曾子夸赞颜子的德行：有能力却向没有能力的人请教，知识丰富却向知识贫乏的人请教；有像没有一样，充实像空虚一样；别人侵犯却不计较——从前我的朋友颜子就是这样做的啊。曾子进一步界定"君子"和"士"，说："可以托六尺之孤，可以寄百里之命，临大节而不可夺也——君子人与？君子人也。"又说："士不可以不弘毅，任重而道远。"在颜子论个人与他人关系的基础上，曾子进一步讲到个人与国家、与天下的关系，"君子"可以担当挽救国家命运的重任，能在生死存亡关头保持志节，"士"以天下归仁作为自己的责任和使命。从以上分析可以看出，正是在颜子言论的基础上，曾子总结出中国传统儒家关于"君子"和"士"的思想精髓。

《孟子·公孙丑上》有言："昔者窃闻之：子夏、子游、子张，皆有圣人之一体；冉牛、闵子、颜渊，则具体而微。"意思是，子夏、子游、子张都有孔子的一些长处，冉有、闵子、颜渊大体接近孔子，可见颜子是最接近孔子言行和思想的人之一。颜子正是在与孔门众弟子的"切磋"与"琢磨"中，成就了第一的德行，成为"七十二贤"之首。

## 三、英年早逝

公元前481年，管理山林的官吏在鲁国西面的大野泽捕获一怪兽。众人不识，孔子见后说，这是麒麟啊。麒麟作为祥瑞之兽，只有盛世才出现，而在礼坏乐崩的春秋末期竟然出现并横遭非命。孔子觉得这不是好兆头，于是说："吾道穷矣！"

周敬王三十九年（鲁哀公十四年，前481年）八月二十三日，颜子逝世于曲阜陋巷，时年41岁。孔子听到颜子逝世的消息，失声痛哭道："哎哟！我的天呐！老天要了我的命啊！"这既是对爱徒英年早逝的悲恸哭泣，也是对自己所行之道后继无人的悲叹。孔子哭得很悲痛，跟随的弟子都说："老师，您太过伤心了！"孔子说："不为这样的人伤心，还为什么样的人伤心呢？"因为颜子是孔子最得意的学生，最能领悟孔子思想的精髓，而孔子视颜子为自己思想的传承人，所以孔子对颜子的早逝悲恸不已。孔子最赏识颜子，颜子最敬仰孔子。孔子和颜子虽然不是父子，却情同父子。

图 6-15　悼道图（《复圣图赞》）

鲁哀公闻知颜子去世的消息，前往悼念，派人问孔子吊丧的礼仪。孔子说："君吊臣，从东阶上去，进入室内，向尸而哭，这样的恩赐是无法计算的。"颜子去世后，其父颜路请求孔子卖车，以为颜子买椁。孔子回答说："无论成才不成才，总归是自己的儿子。我的儿子孔鲤死时，有棺而无椁，这实在是没有办法啊。我不能卖掉我的车为他置办椁，我身为大夫，按照礼制，必须坐车，是不可以步行的。"孔子虽然痛失爱徒，但是依然严格遵守礼制。

图 6-16　哀公往吊图（《复圣图赞》）

这时，有门人提出要厚葬颜子，孔子立即制止，说这样做同样违背礼制。但门人依然厚葬了颜子，孔子听到后，说："颜回呀！你对待我像对待自己的父亲一样，我却不能像对待自己的儿子那样对待你。这不是我的主意，是那几个门人干的呀！"颜子最终被安葬在曲阜城东南 11 公里的复圣林（今曲阜市防山镇东颜林）。如今，防山镇东颜林已成为颜氏家族在曲阜最早的墓葬群，巍然屹立于沂河之北、防山之阳。

图 6-17　门人厚葬图（《复圣图赞》）

传说颜子逝世后不久，奇人背负子辗转前来投奔拜师。背负子本为秦人，为寻找良师，曾身背石磨走遍诸侯各国，最后听闻颜子的大名，欲投于门下，可惜此时颜子已经逝世。夜深人静时，周边村民听到林中传来"当、当、当"的凿石声，心中充满了疑惑。第二天清晨，只见颜子墓旁赫然立起一尊石像。石像上镌刻有两个背负的甲士，一个手执金吾，一个手执石斧，前文后武，文可知前八百年，武可胜千军万马。原来是背负子因拜师来迟深感愧疚，于是仿照自己的模样连夜打制了一尊石像，让自己的雕像永远屹立于颜子墓前，以示对颜子的尊敬与纪念。颜子墓侧旧有石楠两株，可达三四十围，相传是颜子手植。

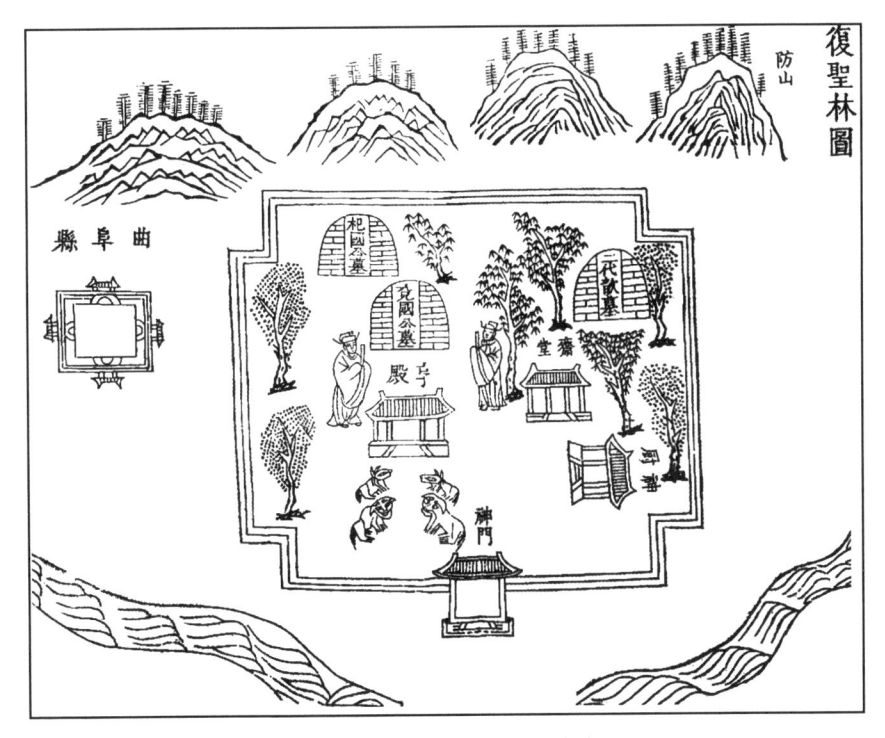

图 6-18　复圣林图（《陋巷志》）

图6-19　曲阜防山复圣林正门

图6-20　复圣颜子墓

## 四、历代祀封

### 1. 帝王祀封

周敬王三十九年（鲁哀公十四年，前481年）八月二十三日，颜子病逝于曲阜陋巷家中，时年41岁。此后，历代帝王祭孔祀颜，封赠有加。西汉高祖十二年（前195）十一月，刘邦东巡过曲阜，以太牢祀孔子，以颜子配享。此为帝王祭祀颜子之始。东汉永平十五年（72）三月，明帝刘庄东巡至曲阜，祭祀孔子及颜子。元和二年（85）三月，章帝刘炟东巡至曲阜，以太牢祭祀孔子及颜子等。延光三年（124）三月，安帝刘祜东巡至曲阜，

图6-21 复圣颜子塑像

祭祀孔子及颜子等。魏黄初元年（220）三月，文帝曹丕讲《论语》通，以太牢祀孔子于辟雍，以颜子配享。黄初中，于阙里建三氏学，专教孔、颜、孟三氏子孙。西晋泰始三年（267），武帝司马炎诏太学及鲁国，四时备三牲（太牢）祭祀孔子，以颜子配享。北魏始光三年（426）二月，太武帝拓跋焘起太学于鲁城（今山东曲阜）东，祀孔子，以颜子配享。北魏太平真君十一年（450），太武帝拓跋焘至曲阜，以太牢祭祀孔子，以颜子配享。

唐贞观二年（628），太宗李世民诏升孔子为先圣、颜子为先师。乾封元年（666）二月，高宗李治至曲阜，以太牢祭祀先圣、先师。开元八年（720），玄

宗李隆基下诏定十哲配祀孔子庙，以颜子为十哲之首，并追封颜子为亚圣。开元十三年（725）十一月，玄宗李隆基至曲阜，祭祀先圣、先师，并颁诏：孔子、颜子后裔免赋役。开元二十七年（739）八月，诏封颜子为"兖公"、颜无繇为"杞伯"，并依制立碑、建享殿于墓前。北宋建隆三年（962），太祖赵匡胤诏以太牢祀先师兖公，御制《亚圣兖国公赞》。大中祥符元年（1008）十一月，真宗赵恒封禅泰山，返京过曲阜，祭祀孔子、颜子，特授孔子后裔孔圣佑为奉礼郎、颜子后裔颜端为郊社斋郎。大中祥符二年（1009）五月，真宗赵恒下诏进封颜子为"兖国公"，封杞伯颜无繇为"曲阜侯"。崇宁四年（1105），徽宗赵佶赠颜子九旒冕服。绍兴十四年（1144）三月，高宗赵构驾幸太学，御制祝文致祭兖国公。绍定三年（1230），理宗赵昀作《兖国公赞》。金大定十四年（1174），于孔庙大成殿为颜子塑九章九旒服像，曲阜侯颜路冕七旒服七章。大定二十四年（1184）三月，衍圣公兼曲阜县令孔摠为颜子立碑，由太原王筠书"先师兖国公墓"六个大字。

图 6-22 先师章服像
（《陋巷志》）

图 6-23 杞国公章服像
（《陋巷志》）

至顺元年（1330）七月，元文宗诏封颜子为"兖国复圣公"。至顺三年（1332），追封颜子的父亲颜无繇为杞国公，谥"文裕"；追封其母亲齐姜氏为杞国夫人，谥"端献"；追封其妻宋戴氏为兖国夫人，谥"贞素"。明洪武二十六年（1393），颁大成乐于天下，使后世祭祀孔子、颜子有了法定乐章。永乐七年（1409），成祖朱棣遣礼部员外郎饶希致祭兖国复圣公。景泰二年（1451），诏颜氏宗子世袭翰林院五经博士一员，遂著为令。代宗朱祁钰驾幸太学，释奠先师孔子，以陈懋分献颜子。五十九代宗子颜希仁赴京陪祀。嘉靖九年（1530），更正孔庙祀典，定孔子谥号为"至圣先师孔子"，改大成殿为先师庙，颜子为四配之首，称"复圣颜子"。嘉靖二十七年（1548），于颜子墓前立新碑，碑书篆字"兖国复圣公墓"。万历四年（1576），神宗朱翊钧驾幸太学，以少师兼太子太师、吏部尚书、中极殿大学士张居正分奠颜子。颜子六十四代孙、翰林院五经博士颜嗣慎及族人颜弘绅、颜弘乾赴京陪祀。

清顺治元年（1644），以至圣六十五代孙孔胤植袭封衍圣公，以孔、颜、曾、孟、仲子嫡裔袭五经博士。顺治十六年（1659），御书《颜子赞》。顺治十八年（1661），颁行天下学。康熙二十三年（1684）十一月，圣祖玄烨南巡过曲阜，祭祀孔子，以颜子配享。颜子六十九代嫡孙、世袭五经博士颜懋衡陪祀。雍正四年（1726）八月，世宗胤禛释奠先师，命以尚书分献颜子。高宗弘历是来曲阜祭祀最多的皇帝，他分别于乾隆十三年（1748）、乾隆四十一年（1776）、乾隆四十九年（1784）、乾隆五十五年（1790），东巡过曲阜，释奠先师孔子，以颜子配享。乾隆三十五年（1770）十月，重修颜子庙。乾隆三十七年（1772），重修颜子墓享殿和复圣林门。

## 2. 建庙祭祀

颜庙又称复圣庙，是专门用来祭祀颜子的庙宇，始建于汉代，初为家庙。颜庙历史悠久，规模宏伟，历朝历代不断扩建。东汉名士祢衡曾作《颜子庙碑》，其辞曰："德行迈于三千，仁风横于万国。知微知彰，闻一觉十；

用行舍藏，与圣合契。名为四科之冠，实尽疏附之益。"这是较早的关于颜庙的文字记载。

北齐天保元年（550），文宣帝高洋令鲁郡以时修葺坊内孔子、颜子庙宇，遣使致祭，春秋二仲释奠先圣先师。各地郡学皆于坊内立孔、颜庙。后周广顺二年（952）六月，太祖郭威至曲阜，祀孔子庙，拜其墓，访得孔子、颜子后裔，特授孔子后裔为曲阜县令，授颜子四十六代孙颜涉（颜文蕴之子）为曲阜县主簿，并下令修葺颜子庙。

金世宗大定十五年（1175），颜子庙在鲁故城东北隅落成。金世宗完颜雍亲撰祀文，遣朝散大夫告祭于颜子庙。金明昌四年（1193），因庙宇颓废，难蔽风雨，曾动用国帑大修颜子庙。金末，颜子庙毁于兵乱战火。

元代初年，颜子五十二代孙颜泉发起重建，历时多年而成。元大德末，庙宇因长年失修而毁。元延祐四年（1317），南台监察御史段杰疏请在陋巷故址重建颜庙，建正殿五间、两庑、神门等。泰定三年（1326）进一步扩建，竣工于致和元年（1328）。今天所见的颜庙大致是元代的建筑规模。致和元年（1328），朝廷拨赐邹县田三十顷、滕县湖一区，以供颜氏春秋祭祀开支之用。这是最早的关于颜子庙开支来源的记载。天历二年（1329），衍圣公孔思晦、曲阜县尹孔思凯和颜氏族众预行告礼，迁旧庙颜子像于新庙，是日为颜子诞辰。

之后，颜庙在明洪武十五年（1382）、正统元年（1436）、成化二十二年（1486）、正德二年（1507）、万历六年（1578）历经多次大修。明万历二十二年（1594），山东巡抚郑汝璧、巡按连标于颜庙前增建"陋巷坊"。万历三十九年（1611），直隶巡抚马孟祯重修"卓冠贤科""优入圣域"石坊和红门。

第六章 颜子英年早逝　91

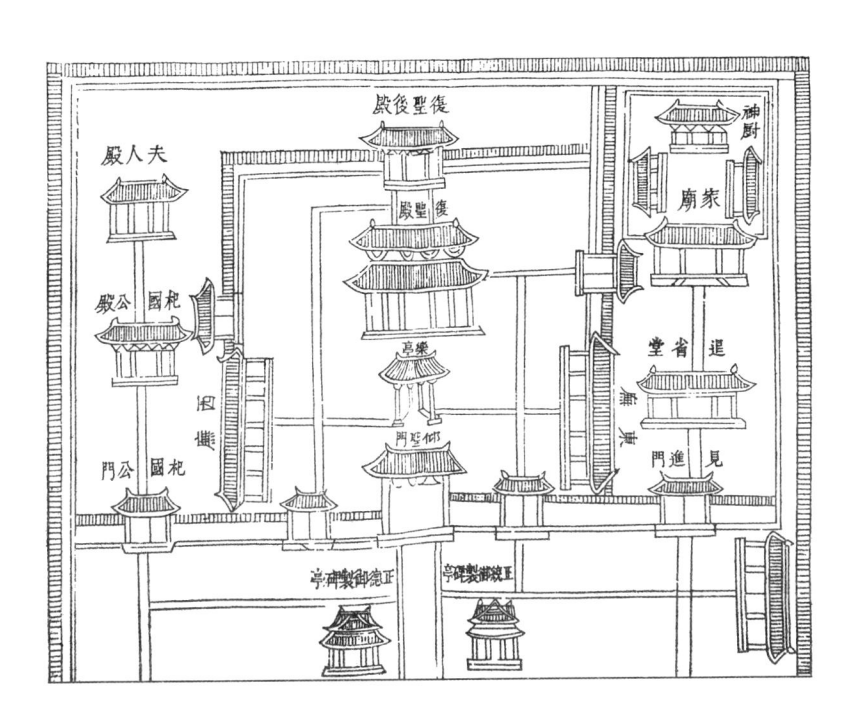

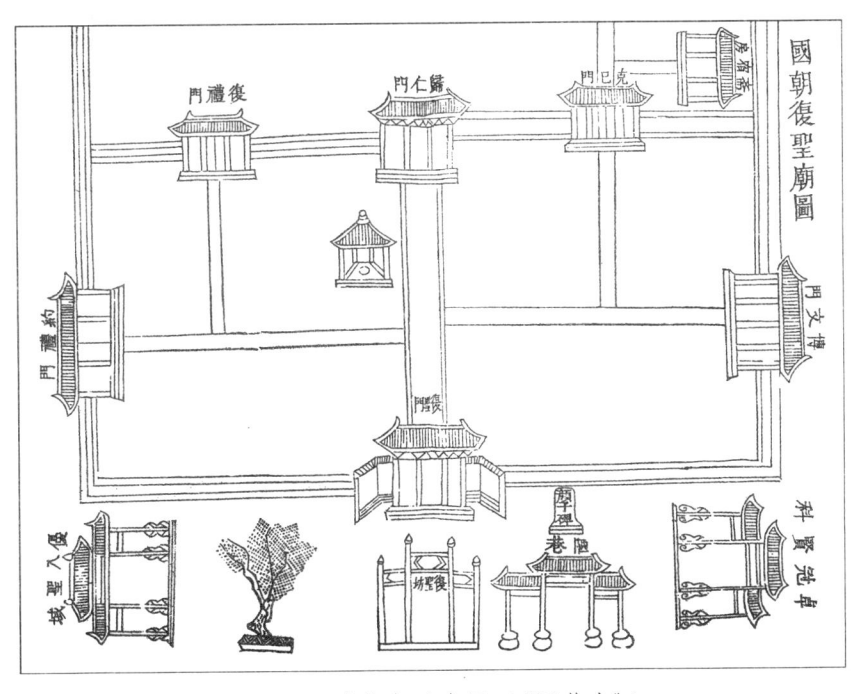

图 6-24　明代复圣庙图（《陋巷志》）

清代，颜庙在顺治十一年（1654）、康熙二十年（1681）、乾隆三十五年（1770）、乾隆四十一年（1776）、嘉庆十三年（1808）、光绪二十九年（1903）历经多次重修，多为地方官员捐资修复。

中华人民共和国成立后，政府加强了对颜庙的保护，多次对颜庙进行维修，其中规模最大的当数1978年和2006年的两次大修。

今日所见之颜庙为南北五进院落，为元泰定三年（1326）从鲁故城东北隅移庙陋巷后的建筑。全庙共有元、明、清建筑24座159间，碑刻55通，古树500余株。庙院南宽北窄，南北长247.3米，东西宽南端为104.5米，北端为87.5米，1965年拓宽北门大街时，颜庙西墙约向东内迁3米，现占地22890平方米，约合35亩。颜庙的单体建筑主要有陋巷坊、复圣庙坊、"卓冠贤科"坊、"优入圣域"坊、复圣门、博文门、约礼门、陋巷井及亭、归仁门、克己门、复礼门、御制兖国复圣公新庙之碑及碑亭、御制重修颜子庙碑及碑亭、礼器库、仰圣门、乐亭、龙柏图碑、复圣殿、两庑、寝殿、退省堂、杞国公

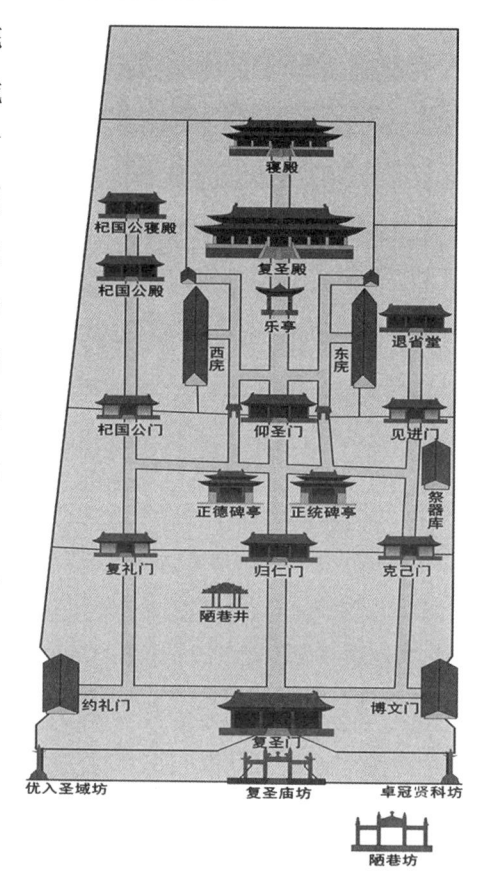

图 6-25　颜庙平面布局图

殿、杞国公寝殿、家庙等。1977年，颜庙被山东省人民政府列为省级文物保护单位；2002年，被国务院列为全国重点文物保护单位；2006年，作为世界文化遗产"曲阜孔庙、孔府、孔林"的扩展项目，被国家文物局列入《中国世界文化遗产预备名单》。

图 6-26　曲阜复圣庙

图 6-27　曲阜复圣庙复圣殿

图 6-28　复圣殿龙柱

图 6-29　复圣殿丹墀

## 五、关于颜子逝世原因的种种猜测

对于颜子的英年早逝,后世有着种种猜测,有人说他因登泰山劳累而死,有人猜测他死于水患,有人以他"发白齿落"推测他可能因汞中毒而死①,种种猜测,不一而足。下面,我们就举两种流传较广的说法并进行简要分析。

### 1. 颜子登临泰山的故事

图 6-30 望吴门马(《孔子圣迹图》)

---

① 参见颜景琴、张宗舜《颜子评传》,山东友谊出版社1994年版,第54页。

《论衡·书虚篇》等文献记载了颜子与孔子登临泰山的故事。

有一天，孔子带领众弟子登泰山，他们由南天门回首天外，只见周围青山碧水，云雾缭绕，苍松倒挂，瀑布飞流，时值正午，万里无云，只觉心旷神怡，飘然如入仙界。孔子叹道："不登泰山，不知天地之大，登上泰山，反觉得天下都变小了！"

当他们攀登到碧霞祠下面的凤凰山时，孔子突然指着东南方向的吴国阊门（苏州古城西门）问弟子："你们谁能看到吴国的阊门？"

众弟子张望了一阵后，都摇摇头，只有颜回说道："我看得见。"

孔子问："你看见门外有什么？"

颜回又眯起双眼很吃力地张望了一阵，迟疑了一下，说："好像是一匹白练和一段蓝布。"

孔子摇摇头，说："不对，不对，你看错了。"

颜回还想再仔细辨认一番，孔子立即意识到不妙，急忙用手捂住颜回的双眼，说道："算了，算了，我们下山吧。"于是，师徒匆匆忙忙下了山。

下山路上，孔子依然精神抖擞。而颜回却感觉头昏眼花，腿软乏力，认真务实的颜回并没忘记刚才望阊门的事，于是问："老师，您说我看错了，那您看到了什么呢？"

孔子说："我看到了一匹白马和一捆喂马的草。"

孔子见颜回露出不大相信的神色，就派人去吴国问究竟是什么。不久，派去的人返回来说，那天阊门外果然放有一匹白马和一捆喂马的草。

颜回打心里更加佩服老师了。可自那次与老师比赛眼力后，颜回的精力就大不如以前了，没过多久，就病死了。后人敬重孔子、颜子，就在他们望吴国阊门的地方，立了处"望吴圣迹"的石坊。

图 6-31　泰山"望吴圣迹"坊

《论衡·书虚篇》把颜子逝世的原因归结于精力不及而勉强为之。但王充在《论衡》中指出，这则故事纯属后人杜撰，并把它列入《书虚篇》。王充认为人的眼睛看不到百里之外，无论是谁，都无法从泰山上看到苏州阊门外的白马，因此颜子登泰山望阊门的故事纯属虚构。

## 2. 电影《孔子》对颜子逝世的艺术处理

2010 年，由胡玫执导、周润发等领衔主演的电影《孔子》是这样处理颜子逝世这一情节的：

> 孔子决定结束周游列国的行程，急急忙忙赶回鲁国。寒冬腊月，冰天雪地，他们赶着一辆马车驶过冰封的大河，不料冰面开裂，车上满载的简册瞬间倾覆，纷纷落入冰河。颜子见状，毫不犹豫地跳入冰河，一次次潜入水中，捞出了一捆捆简册，最终因为寒冷和劳累失去了生命。孔子目睹了这一切，百般呼唤，痛哭流涕，也没能挽回颜子的生命。

该电影对颜子逝世进行了艺术化处理，有其合理性：一方面，颜子是为了捞救简册而失去生命的，扩而言之，颜子是为了保护古代文化而牺牲的，这对塑造孔子、颜子的形象有着积极意义；另一方面，民间也有颜子乃"水命"的传说，颜子名回，字子渊，"回"与"渊"互训，即漩涡激流中的水。

其实，编剧这样处理颜子逝世也有考虑不周之处：其一，电影描述颜子逝世于返鲁途中，也就是公元前484年前后，此年颜子38岁，与史书所载逝世年龄不符；其二，颜子为了捞救冰河中的简册而丧失生命，不免有因小失大之嫌。因为孔子曾反对为了仁义而跳入井里的做法（见《论语·雍也》），所以颜子应该不会冒着生命危险为打捞简册而跳入冰河。

由于正史没有记载颜子逝世的原因，所以才会出现以上种种猜测。笔者认为，颜子平日好学不倦，勤奋读书，帮助老师整理典籍、教授弟子，再加上安贫乐道，可能无暇很好地兼顾饮食作息，因此在41岁便英年早逝。

# 第七章 颜子的圣人境界

颜子卓冠贤科，德行第一。孔子曾称赞颜子具备君子的四种品德："回有君子之道四焉：强于行义，弱于受谏，怵于待禄，慎于治身。"孔子赞扬颜子实行道义时很坚定，接受劝谏时很虚心，得到官禄时很戒惧，立身行事时很谨慎，认为这是君子的四种品德。曾子在一旁陪侍，听闻老师夸赞颜子，由衷地佩服颜子，并说自己"学夫子之三言而未能行，以自知终不及二子者也"。颜子德行高尚，深孚众望，在孔门中起到了榜样示范作用。下面我们就先来概述一下颜子的德行品质。

# 一、颜子的德行品质

## 1. 安贫乐道

颜子箪食瓢饮却自有所乐，有志于求道而忘记衣食、忘记自我。他在物质方面无所追求，在精神方面却极其富有，虽然处在"低微"之境，但是品质极其高尚，这显示出他安贫乐道的精神境界。

《论语·雍也》是集中反映颜子人格的篇章，其中有三章体现了颜子的"好学""仁""贤"。《论语·雍也》载："子曰：'贤哉，回也！一箪食，一瓢饮，在陋巷。人不堪其忧，回也不改其乐。贤哉，回也！'""贤哉，回也"的赞美语气和反复咏叹体现了孔子对颜子之"贤"的高度赞赏。在平常人看来，"一箪食，一瓢饮"的生活极其清苦，但颜子自得其乐。这源于颜子志于道。这可以从《庄子·让王》的记载中得以印证。当孔子劝颜子入仕时，颜子回答："不愿仕。回有郭外之田五十亩，足以给飦粥；郭内之田十亩，足以为丝麻；鼓琴足以自娱；所学夫子之道者足以自乐也。回不愿仕。"孔子愀然变容曰："善哉回之意！丘闻之：'知足者不以利自累也，审自得者失之而不惧，行修于内者无位而不怍。'丘诵之久矣，今于回而后见之，是丘之得也。"儒家对功名利禄的论述丰富而深刻。孔子曾感慨地说："三年学，不至于谷，不易得也。"谷，禄也，借指出仕。意思是，为学三年而能不以做官为念，实属难能可贵。儒家追求的是"君子谋道不谋食"和"士志于道，而耻恶衣恶食者，未足与议也"。这种安贫乐道的精神为后世知识分子在入仕之外开辟了另外一条道路，那就是不计名利、追求知识、探索真理，以实现人生圆满的道德修养之路。

图 7-1 曲阜复圣庙乐亭

颜子是安贫乐道的典范，这也是颜子"学夫子之道"的一个重要方面。孔子对颜子的最高评价是"上古圣人"。颜子曾向孔子请教："渊愿贫如富，贱如贵，无勇而威，与士交通，终身无患难，亦且可乎？"颜子希望处在贫穷之境如同富有，处在低贱之境如同高贵，不显示出勇猛却有威严，与有气节、有学问的人结交，一辈子不遭遇灾难。孔子说："善哉回也！……虽上古圣人，亦如此而已！"孔子称赞他说，即使是上古时代的圣人，也不过这样罢了！颜子的愿望就是颜子的人生理想和精神境界。颜子从孔子周游列国屡屡碰壁的现实中毅然觉醒，既然从政无法实现自己平治天下的社会理想，那就放弃政治活动，将自己的追求从"用之则行"变为"卷而怀之"。

图7-2 曲阜复圣庙乐亭碑

孔子高度评价颜子的这种精神境界，认为他"贫如富"是"知足而无欲也"，"贱如贵"是"让而有礼也"，"无勇而威"是"恭敬而不失于人也"，"终身无患难"是"择言而出之也"。孔子甚至认为，"上古圣人"也不过如此。孔子将颜子与"上古圣人"相提并论，可以说是对颜子的极高评价。颜子深得孔子真传，也的确达到了"上古圣人"的境界，成为中国历史上备受尊崇的圣人。

在《论语·先进》中，孔子评价颜子、子贡说："回也其庶乎，屡空。赐不受命，而货殖焉，亿则屡中。"意思是，颜子在道德修养上接近于完美了，有时却穷得没有办法。而子贡不经官府允许去经商，对市场行情每每预测得很准。与其他弟子相比，子贡善于货殖之道，在理财经商方面具有很高的天赋。他曾经商于曹、鲁两国之间，富致千金，成为孔门弟子中的首富。颜子跟随孔子专心求道，甚至无暇顾及自己的生活。如果一心求道也可以被视作缺点的话，这点姑且算作孔门中这位最优秀学生的唯一瑕疵吧！

## 2. 修德于己

在孔门中，以能言善辩、智力超群著称的子贡独服颜子。子谓子贡曰："女与回也孰愈？"对曰："赐也何敢望回？回也闻一以知十，赐也闻一以知二。"子曰："弗如也，吾与女弗如也。"子贡高度评价了颜子的悟性。在孔子和子贡二人看来，颜子悟性极高，能闻一知十、触类旁通，非常人能及，连他们二人也自愧不如。卫国将军文子问子贡说："吾子所及者，请问其行！"子贡对曰："夫能夙兴夜寐，讽诵崇礼，行不贰过，称言不苟，是颜回之行也。孔子说之以《诗》曰'媚兹一人，应侯慎德'，'永言孝思，孝思惟则'。若逢有德之君，世受显命，不失厥名；以御于天子，则王者之相也。"文子向子贡咨询孔门弟子的品行。子贡说，老师曾称赞颜回如果遇上有德行的君王，就会世代享用君王封赐的美名，名号永远不会丧失；如果被君王任用，就会成为君王的辅佐。由此可见颜子在孔门中的地位。

图7-3 曲阜复圣庙克己门

颜子是修德于己的典范。他以"克己复礼"为理想，努力做到"非礼勿视，非礼勿听，非礼勿言，非礼勿动"，并且"为仁由己"，将"行仁"视为一种内心自发的举动。颜子领悟了孔子"以礼释仁"的要义后，立即决心"请事斯语"，力践行仁。对于普通人来讲，"仁"不过是短时间的行为——某一天、某一月短暂地存在于内心，而颜子能长期处于修德行仁的状态中。孔子称赞颜子说："回之为人也，择乎中庸，得一善，则拳拳服膺而弗失之矣。"孔子认为颜子作为不违仁的代表，能够牢记中庸之道，并且能长久保持。

图 7-4　服膺图（《复圣图赞》）

颜子能够在日常言行中慎乎隐微，守善不移。北齐刘昼在《刘子·慎独》中说："故蘧瑗不以昏行变节，颜回不以夜浴改容……斯皆慎乎隐微，枕善而居。不以视之不见而移其心，听之不闻而变其情也。"而《刘子·鄙名》载："水名盗泉，尼父不漱；邑名朝歌，颜渊不舍……以其名害义也。"颜子之所以不在朝歌停留，是因为朝歌是商纣王的都城，而纣王是暴虐无道的昏君，担心其丑恶的名声会玷污自己的德行。颜子不愿在此居住，表示自己要与不德之人、不洁之地保持距离。

第七章 颜子的圣人境界　105

在《论语·子罕》中，颜子表达了对孔子的无限仰慕之情："仰之弥高，钻之弥坚。瞻之在前，忽焉在后。夫子循循然善诱人，博我以文，约我以礼，欲罢不能。既竭吾才，如有所立卓尔。虽欲从之，末由也已。"颜子认为夫子之道越仰望越觉得高深，越用力钻研越觉得深不可测。看着它似乎在前面，一转眼又跑到身后去了。老师循循善诱，通过各种文献丰富我的知识，用一定的礼节约束我的行为，使我想停下来都不可能。在这段文字中，颜子极力称赞孔子的学问，并以此激励自己好学深思、学以致用。这是颜子对孔子道德学问与学术思想的由衷赞叹，也是颜子对孔子教育艺术和教学方法的高度评价。虽然夫子之道如万仞宫墙，高不可攀，但圣人善教，循循善诱，诲人不倦。在孔子的引导下，弟子们可按部就班地登其堂、入其室。"博我以文，约我以礼"就是圣人的教学艺术。以广博的文化知识丰富之，以规范的礼乐约束之，使学生好学、乐学，一旦进入问道、求道、事道之途，就无法停住脚步，就会全力以赴。然而当颜子竭其所能，感到可以自立门户、独立讲学了，想沿着圣人之道继续向上攀登时，又不知道该如何下手了。

图 7-5　仰高图（《复圣图赞》）

### 3. 知者利仁

"知者不惑，仁者不忧，勇者不惧。"颜子聪明好学，闻一知十，富有大智慧。在现实生活中，当孔子难以排遣郁闷时，颜子还多次巧用智慧劝解夫子。当少正卯开课授徒，吸引了不少孔门弟子前去听课，使孔子为自己的学说感到困惑时，颜子坚守在孔子身边，并及时开解。在陈蔡被围时，颜子曾劝导孔子说："夫子之道至大，故天下莫能容。虽然，夫子推而行之，世不我用，有国者之丑也。夫子何病焉？不容，然后见君子。"据《列子·仲尼》记载，孔子闲居，子贡进屋侍奉，见孔子面带忧容。子贡不敢追问，出来告诉颜子。颜子拿起古琴，边弹边唱。孔子听到了，果然召颜子进屋，问颜子："你为什么独自高兴？"颜子回答说："老师为什么独自忧愁？"孔子说："先说说你的感想。"颜子回答说："我听老师说过'乐天知命故不忧'，这就是我高兴的原因。"

"知者利仁"，有智慧的人有利于仁德的推行。颜子的智慧体现了他的仁德，而其仁德也体现了其智慧，智慧与仁德产生一种辉映之美。颜子已经具有用哲学的逻辑思维方法来辨别是非的能力，用"智"辨"仁"，在追求"仁"的过程中，显示出其智慧。我们由此足见其智慧之高和以仁修身所达到的境界。颜子的仁、智、勇是相通的。"仁者，必有勇"，颜子所具备的"仁"和"智"使他变得愈加勇敢，以至于后人赋予颜子某些神话色彩。据《古小说钩沉》记载，颜渊和子路共同坐在门口，有鬼魅求见孔子。鬼魅的眼睛像太阳，身材高大魁梧。子路吓得魂飞魄散，口不能言。颜子却从容淡定，弯下腰提上鞋，拔剑向前，一把抓住鬼魅的腰，使鬼魅立即现了原形，变成一条长蛇，颜子挥剑斩断。孔子出来恰好看到这一场景，感叹地说："勇敢的人不害怕，智慧的人不迷惑，仁义之人一定具备勇的品德，但勇敢的人不一定具备仁的品德。"颜子是一位智者，能很快识出鬼魅，并不为其外表所惑；颜子又是一位勇者，敢于拔剑斩杀令子路恐惧的鬼魅，可见仁、智、勇完美统一在颜子身上。朱熹曾说："圣人浑然仁智之全体。颜子是仁……颜子有智，亦仁中之智……"邢琴琴在《论颜回的德行品质与人性魅力》中说，颜子正是在不断实践"仁"的过程中，显示出其智慧的光芒，即"仁"中有智，他又用智来践行"仁",使仁德思想发扬光大、深入人心。颜子的仁、智思想紧密结合,相互辉映,共同反映了颜子高尚的德行品质。这种境界既是善的最高境界,也是美的自由境界,是善、智、美的和谐统一。

在跟随孔子周游列国的过程中,孔子和颜子如影随形。颜子目睹了社会混乱给人民造成的痛苦,也体会到了社会混乱给自己带来的困厄,如匡地被围、宋人伐树、陈蔡绝粮等。跟随孔子周游列国的这些见闻丰富了颜子的社会阅历,增长了他的见识,使他得以对当时社会背景下人们的生活处境有了细致入微的体察。

颜子以"克己复礼"为理想,以闻一知十的天资,夙兴夜寐,讽诵崇礼,行不贰过,称言不苟,秉持君子之道,永不停止,始终践行。无论是在鲁国求学期间,还是在跟随孔子周游列国的过程中,颜子都笃志好学,努力加强自身修养,培养自己的道德情操。颜子以学夫子之道为人生乐趣,始终坚持自己的人生理想。正如扬雄所说:"纡朱怀金者之乐,不如颜氏子之乐。颜氏子之乐也,内;纡朱怀金者之乐也,外。"不仅子贡、曾子等孔门高足认为自己赶不上颜子,就连孔子也自叹"弗如"。颜子知者利仁、乐天知命,其言行处处散发着智慧之光。

图 7-6　曲阜复圣庙复礼门

## 二、颜子的成仁之道

仁者,人也。儒家认为仁者爱人。《说文解字》:"仁,亲也。从人从二。"后人对此主要有两种解释。一种解释是"仁者,人也",仁可以理解为人,"仁者,义之本也,顺之体也,得之者尊"。另外一种解释是仁就是亲,是人与人之间的亲爱关系。仁者兼爱,故从二。"仁"字右边的"二"字表示的是两个人在一起,但不是指数量上的两个人,而是指由此发生的人际关系。从这个角度讲,"仁"就是人与人之间以互相尊重为基础的亲爱之情。《论语》记载了不同弟子问"仁"于孔子的事情,孔子的回答也各有不同。

### 1. 颜子问仁

在探讨颜子问仁之前,我们首先来看颜子的几位同门问仁,主要有:仲弓问仁,司马牛问仁,樊迟问仁。仲弓问仁。孔子回答说:"出门如见大宾,使民如承大祭。己所不欲,勿施于人。在邦无怨,在家无怨。"意思是,出门好像会见贵宾一样恭敬有礼,役使人民好像举行重大祭祀一样严肃谨慎。自己不喜欢做的事也不要强加给别人。在邦国为诸侯没有人怨恨,在家为卿大夫也没有人怨恨。司马牛问仁。孔子回答说:"仁者,其言也讱。"意思是,仁人说话谨慎。史载司马牛"多言而躁",所以孔子希望他说话要谨慎。"其言也讱"本身并不等于仁,只是近仁。孔子告诉司马牛,对于他而言,能够克服自身的缺点,便可接近或者达到仁。樊迟问仁。孔子回答说:"爱人。"《孔子家语》载:"是故仁者莫大乎爱人。"孔子认为仁就是要爱护百姓。樊迟第二次向孔子请教仁。孔子回答:"仁者先难而后获,可谓仁矣。"孔子认为遇到困难时冲在前面,收获时站在后面,这就是仁。樊迟第三次问仁。孔子回答说:"居处恭,执事敬,与人忠。虽之夷狄,不可弃也。"孔子认为，在日常生活中能够恭恭敬敬，办事严肃认真，待人忠心诚意，就可以称得上是仁者了。孔子在这些地方对"仁"的诠释都是具体语境下的仁，也充分体现了孔子"因材施教"的教学特点。

下面，我们来看颜子问仁。据《论语》记载，有一天，颜子向孔子请教仁。孔子回答说："克己复礼为仁。一日克己复礼，天下归仁焉。为仁由己，而由人乎哉？"颜子继续问："请问其目。"孔子答道："非礼勿视，非礼勿听，非礼勿言，非礼勿动。"颜子说："回虽不敏，请事斯语矣。"孔子认为克制自己，使自己的言行合乎礼，便达到了仁。一旦做到了这些，天下人便会向仁德汇聚、靠拢。具体来讲就是，不符合礼的不看，不符合礼的不听，不符合礼的不说，不符合礼的不做。孔子对颜子所说的这段话具有特别的含义，特别是"四非"之说，非常具有实践意义和可操作性。

图 7-7 问仁图（《复圣图赞》）

在《论语》中，孔子对仁的论说最为丰富，意义最为完整，对仁做出了各种经典解释。这些论说和解释是理解儒家思想的关键。孔子很少以"仁"来称许人。在《论语·雍也》中，孔子说："回也，其心三月不违仁，其余则日月至焉而已矣。"孔子认为颜子是仁者的典范，他的心能够长时间不违背仁德的原则，其他学生则只能在短时间内做到仁罢了。那么到底如何做才能实现仁呢？我们下面来看仁的不同层次。

图 7-8　四不猴（四只小猴一只捂眼，一只捂耳，一只捂口，一只垂手，分别代表"非礼勿视，非礼勿听，非礼勿言，非礼勿动"，寓意深刻）

## 2. 仁的层次

儒学是人生实践的学问，中国哲学的主要用意在于如何来调节、安顿我们的生命。因此，我们每个人都有追求更高层次仁的必要，通过行仁来打破世俗外在的秩序，实现"成仁"的梦想。在孔子看来，自己的高足子路、冉求、公西华三人虽然具备某方面的才能，但是依然没有达到仁的境界。一个人要实现仁可以从三个层面来进行，即个体层面、人际层面、国家社会层面。

第一，个体层面。颜子认为，要提高仁的境界，就要将心比心、推己及人，发扬恕道精神，也就是"己所不欲，勿施于人"。《大学》中有所谓"絜矩之道"：如果厌恶处于上位的人的行为，那就不要用同样的方式对待处于下位的人；如果厌恶处于下位的人的行为，那就不要用同样的方式对待处于上位的人；对待自己身边的人也是同样的道理。

一个人要成就仁德，必须"先难而后获"。在樊迟问仁时，孔子明确指出行仁之难，"仁者先难而后获，可谓仁矣"，遇到困难时冲在前面，收获时站在后面，这就是仁。然而"先难而后获"并不等于成仁，这只是"成己"的实践过程，可见"成仁"不是一蹴而就的。"我欲仁，斯仁至矣"，成仁的关键在于每个人自身。一个人要想达到仁的境界，必须在日常生活中加强自身品德修养，不断完善自我。《孔子家语》记载颜子问君子，孔子回答说："爱近仁，度近智，为己不重，为人不轻，君子也夫。"能爱人就接近仁了，善于谋划就接近智了，替自己打算得不多，替别人考虑得不少，这就是君子。颜子认为自己还达不到"近仁""近智"的境界，因此继续问夫子："敢问其次。"孔子回答说："弗学而行，弗思而得。小子勉之。"仁看似轻易就能达到，实际上真正做到并非易事，没有较高的道德修养、坚强的意志品格、坚韧的奋斗精神是很难做到的。

修身养性因个体的不同而表现出较大差别。对于一般个人而言，修身养性就是要克己复礼，达到仁、礼统一的境界。对于司马牛而言，孔子认为他修身养性最基本的就是慎言。如此，修仁便因个体的明显缺点而显现出不同的特征。仁不仅见之于外表，更存乎内心。践行仁不能仅停留在口头上，更要见诸于行动。仁最终要落实到个人的修养、品质之中，这才算是真正的仁。在《论语·学而》《论语·阳货》篇中，孔子曾说过："巧言令色，鲜矣仁！"因而，在孔子教育弟子的事例中，我们所能看到的大多是孔子督促弟子践行仁德，通过各种实际行动来接近仁德。颜子听从孔子"为仁由己"的教导，注重道德自觉与内反，"不迁怒，不贰过"，从寻找过失的根源入手，将心比心，克服缺点，避免犯同样的错误，以求进一步完善自我。与孔子的其他弟子相比，颜子在求仁的路上走得更远。仁不是一个抽象的名词概念，它没有确切的范围，践行仁是一种实践的过程和努力的方向。

第二，人际层面。一个人要在人际交往中成就仁德，要做到以下三点。

一是以文会友，以友辅仁。仁德的涵养有赖于个体的身体力行，更有赖于与周围人的良性互动。曾子曰："君子以文会友，以友辅仁。"意思是，君子以文章学问来结交志同道合的朋友，并靠朋友帮助自己培养仁德。孔子认为冉雍在与人交往时，要谦恭，在朝堂和家庭中要理顺人际关系，不出现怨恨。孔子认为要学会换位思考，"己所不欲，勿施于人"，遵从对等的人际交往法则，不凌驾于他人之上。孔子认为对樊迟而言，修仁就是要认真办事、忠信于人。这里谈到人际交往的法则、做事的态度及做人的原则等问题。曾子说颜子能够"以能问于不能，以多问于寡；有若无，实若虚；犯而不校——昔者吾友尝从事于斯矣"。曾子认为颜子有能力却向没有能力的人请教，知识丰富却向知识贫乏的人请教，有就像没有一样，充实就像空虚一样，别人侵犯却不计较。《论语·雍也》载子贡问孔子："如果有人广泛地给予人民实惠，危难时又能救济百姓，这样如何呢？"对于这种人是不是仁人的问题，孔子回答说："岂止是仁人，他一定是圣人了！就连尧、舜也会感到力量不足啊！所谓仁者，自己想有所成就，也帮助别人有所成就；自己想通达，也帮助别人通达。能够推己及人、将心比心，这是实现仁德的方法。"

二是观过知非，怀德忘怨。孔子曾说："人之过也，各于其党。观过，斯知仁矣。"他认为观察一个人的过失，方知其是否真正行仁，是否是真正的仁人。对一个想行仁、利人的君子来说，观其类而知其非，观人非而知己非，这对自己的成仁之路大有裨益。对于有明显缺点、错误的同窗，颜子直言相告，忠心相劝，努力尽到一个朋友的职责。朋友关系是儒家五伦之一。朋友是道义相砥之人、志同道合之人、肝胆相照之人。自孔子开始，儒家就十分重视朋友关系，提出了一系列交友的原则，如"益者三友""损者三友"，主张交正直的朋友、有见识的朋友、讲信用的朋友，不主张交谄媚奉承而一味讨好自己的朋友、当面说好话而背后捣鬼的朋友、夸夸其谈而无真才实学的朋友。

三是与朋友相处，心必有非。颜子曾就"朋友之间应该如何相处"这一问题请教孔子。孔子回答说，君子对待朋友，如果认为朋友有做得不对的地方，就不能说"我不知道"，这才是有仁德的人。他们不会忘记朋友以往的恩德，也不计较原先的仇恨，多么仁义啊。铭记朋友以前的恩德，而忘记原先的仇恨，这就可以算得上仁人了。颜子用一生的行动践行夫子教导的"朋友之际"应遵循的原则。"与朋友交而不信乎"是曾参自我反省的重要内容，"与朋友交，言而有信"是子夏的必修课。

颜子德行出众，被奉为孔门四科德行之首，被后世当作典范。

第三，国家社会层面。仁的最高境界或者说最高实现形式是博施济众，天下归仁。这是仁道的最大化，也是孔子仁学的一种极其深厚、继往开来的历史使命，体现了儒家君子"修齐治平"的责任担当。《韩诗外传》云："怀其宝而迷其国者，不可与语仁。"孔子不愿"怀其宝而迷其国"，因而决意出仕，改变鲁国混乱的政局。子张曾向孔子问仁。孔子回答说："能行五者（恭、宽、信、敏、惠）于天下为仁矣。"意思是，能够做到庄重、宽厚、诚实、勤敏、慈惠，就可以称得上仁人了。孔子认为，对子张而言，只要以身作则，就能获得别人的认可，从政

图7-9 《复圣颜子像》拓片

就更容易出成绩。孔子对颜子所说的"一日克己复礼，天下归仁焉"说明，作为最高道德要求的"仁"是个体修德的结果，也是良好人际交往的最终归宿，更是治国平天下的精神内核，能促进修身、齐家、治国、平天下的理想与实践相统一。孔子称赞颜子具有四条"君子之道"。这是孔子对颜子仁德思想体系的总体性评价，涉及修身、待人、处世、为政等诸多方面。子贡问为仁。孔子回答说："工欲善其事，必先利其器。居是邦也，事其大夫之贤者，友其士之仁者。"他指出一个人要想把工作做好，必须先使他的工具得心应手。住在一个国家，就要敬奉那些贤大夫，结交仁义之士。孔子把人际交往视为自己实现政教主张的工具，认为实行仁德就要敬奉贤人、结交仁义之士。

《论语》中紧随此章之后的便是"颜渊问为邦"。孔子回答说:"行夏之时,乘殷之辂,服周之冕,乐则《韶》《舞》。放郑声,远佞人。郑声淫,佞人殆。"孔子提出使用夏代的历法、殷商的车制和周代的礼帽,放弃靡靡之音,远离奸佞小人,希望推行夏、商、周三代的礼制以使社会安定,进一步把仁上升到国家治理的高度。仁并不是一朝一夕就能实现的,必须经过长期的教化与养成过程,正如孔子所说"如有王者,必世而后仁"。

图 7-10　问为邦图(《复圣图赞》)

仁的思想是孔子的发明与创造,是孔子为中华文化做出的重要贡献之一。礼是孔子思想的重要内容。仁离不开礼的规范,礼指向仁的内核,仁礼合一,这才是孔子思想的真精神。仁是孔子学说的本质,是孔学之所以为孔学处,也是我们理解孔学的关键。① 要真正实现仁其实很难,从实践过程言仁,仁之难就可以凸显,行仁之路是不断超越自我的过程。颜子对仁的追求是自始至终的,他非常注重培养自己的仁德之心,不仅"请事斯语"——实

---

① 参见颜炳罡《论孔子的仁礼合一说》,《山东大学学报(哲学社会科学版)》2001 年第 2 期。

实实在在地躬行，而且"三月不违仁"——以仁为安宅，长久不离。孔子说："志士仁人无求生以害仁，有杀身以成仁。"志士仁人没有贪生怕死而损害仁的，只有牺牲自己的性命来成全仁的。可见，孔子的生死观是以"仁"为最高原则的。生命虽然宝贵，但在孔子看来，"仁"比生命更宝贵，为了成就"仁"，可以不顾生命，甚至可以为了成就"仁"献出生命。曾子曰："士不可以不弘毅，任重而道远。仁以为己任，不亦重乎？死而后已，不亦远乎？"以推行仁义为自己的任务，难道责任还不重大吗？为实现这一目的，到死方休，难道路程还不遥远吗？这体现了曾子在孔子、颜子的基础上，对仁德思想的进一步发展和践行。后来，思孟学派继续发展了孔子、颜子的仁德思想，讲求"善道"和"德道"，既包含了对个体的要求，也包含了对社会的期望。

图 7-11　曲阜复圣庙归仁门

曾子的弟子乐正子春年九十，使其孙学于孟子时，告之曰："过去，孔圣人之门，颜子以仁闻名，曾子以孝闻名，子路以勇闻名，伯赣以智闻名，他们各自以自己的长处闻名于天下，流传于后世。"可见，在战国中期，颜子就以"仁"闻名于世。东汉延笃说:"夫仁人之有孝,犹四体之有心腹,枝叶之有本根也……盖以为仁孝同质而生,纯体之者,则互以为称,虞舜、颜回是也。"这是把颜子视为仁人的代表。这类看法从古至今从未断绝。

### 3. 成仁之道

有人问孔子,颜子是什么样的人。孔子回答说:"仁人也,丘弗如也。"颜子是如何成为备受孔子称道的仁人的呢?

第一,智者自知,仁者自爱。颜子十分注重自身的道德修养,将其视作立身之本。《荀子·子道》记载了这样一则故事:

> 子路入,子曰:"由,知者若何?仁者若何?"子路对曰:"知者使人知己,仁者使人爱己。"子曰:"可谓士矣。"子贡入,子曰:"赐,知者若何?仁者若何?"子贡对曰:"知者知人,仁者爱人。"子曰:"可谓士君子矣。"颜渊入,子曰:"回,知者若何?仁者若何?"颜渊对曰:"知者自知,仁者自爱。"子曰:"可谓明君子矣。"

子路进来,孔子说:"仲由,明智的人是什么样的?仁德的人又是什么样的?"子路回答说:"明智的人能使人了解自己,仁德的人能使人爱惜自己。"孔子说:"你可以称为士了。"子贡进来,孔子说:"端木赐,明智的人是什么样的?仁德的人又是什么样的?"子贡回答说:"明智的人能了解别人,仁德的人懂得爱护别人。"孔子说:"你可以称为士君子了。"颜渊进来,孔子说:"颜回,明智的人是什么样的?仁德的人又是什么样的?"颜渊回答说:"明智的人了解自己,仁德的人知道自爱。"孔子说:"你可以称作明君子了。"

我们从"士""士君子""明君子"三个词语的区别,可以看出孔子对颜子最为赞赏。子路、子贡、颜子分别是孔门弟子中"勇者型""智者型""仁者型"的代表。勇者勇敢无畏、刚毅果决,以有人了解、赏识自己作为实现自己价值的方式。智者知事明理、周知万物,以了解他人、爱护别人为主要特征。仁者亲人爱物、超越毁誉，以了解自己、爱惜自己为"知人""爱人"的前提。子路的"使人知己，使人爱己"，目的是让别人了解自己、尊重自己，但是别人对自己的"知"与"爱"往往难以把握。子贡的"知者知人，仁者爱人"并不是说别人不知己、不爱己，而是以自己为中心，主动去了解他人、爱惜他人，其主动权完全在我，比子路高了一个层次。与前两者相比，颜子的"知者自知，仁者自爱"更高一层，了解他人不如了解自己，只有爱惜自己，才能更好地爱惜他人，"智"与"仁"都是自我对道德的实践，主动权完全在我。只有自知，才能更好地知人；只有自爱，才能更好地爱人。道德高尚的君子应该具备自知的能力、自爱的品质，终日乾乾，夕惕若厉。"知者自知，仁者自爱"，颜子所说的智者与仁者绝不是不知人、不爱人，而是自知而后知人，自爱而后爱人。不自知不自爱，知人和爱人就无从说起。颜子对"智者"和"仁者"的阐释是从个人道德修养出发的，遵循了由内而外、推己及人的儒家思维路向。

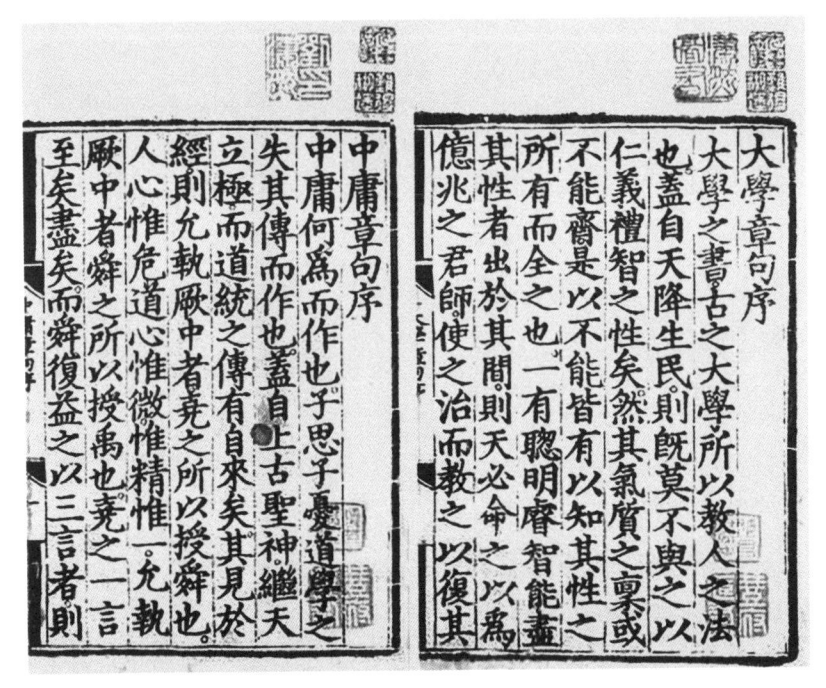

图 7-12 《四书章句集注》书影

扬雄在《法言·君子》中说："人必其自爱也，而后人爱诸；人必其自敬也，而后人敬诸。自爱，仁之至也……"扬雄把"自爱"视作"仁"的最高层次，注重个体的自觉、自省，由"自爱"推展到"爱人"。这就是《礼记·大学》所谓"明明德"和"亲民"的真谛。"知者自知"是要求智者对自己先有充分的认识与评价，然后再去如实地认识与评价别人。"仁者自爱"是要求道德修养高的仁者首先应严于律己、修德正身。由此可见，颜子的道德修养已达到极高的水平，颜子的论说更接近于孔子一直强调的君子求诸己、成己、为己等主张，所以得到孔子的最高评价。

第二，好学知仁，力践行仁。颜子的成仁之道是"求诸己"而非"求诸人"。他把孔子"仁"的学说转化为躬行，真正做到了"己所不欲，勿施于人"。孔子曾说："好仁不好学，其蔽也愚。"一个人只有好学，才能改造自己，知仁识仁才有可能使自己成为君子。颜子正是按照孔子的教导，用自己的行动来培养仁德，使自己的一言一行都符合礼的要求。与其他弟子相比，颜子"其心三月不违仁"，不仅学而不厌，而且"不迁怒，不贰过"。朱熹在《论语集注》中注释道："怒于甲者，不移于乙；过于前者，不复于后。颜子克己之功至于如此，可谓真好学矣。"子曰："好学近乎知，力行近乎仁，知耻近乎勇。"唯有好学才能知仁，唯有

图7-13 《三圣图》（相传为元赵孟頫绘。中为孔子，左为颜子，右为曾子。三人衣纹墨线书有蝇头小楷，内容为半部《论语》）

力行才能近仁。无论是在鲁国从学于孔子期间，还是在周游列国途中，颜子始终恪守仁道、身体力行。"君子以行言，小人以舌言。故君子于为义之上相疾也，退而相爱；小人于为乱之上相爱也，退而相恶。"孔子给颜子讲学一整天，发现颜子始终没有提出反对意见，事后考察其言行，发现颜子能够理解并有所发挥。颜子"有若无，实若虚"，于夫子之言无所不悦，故而孔子愿意更多地指教颜子。

颜子何以能够克己修身、力践行仁呢？原因何在？颜子曾自言其志："渊愿贫如富，贱如贵，无勇而威，与士交通，终身无患难。"颜子有自己的世界观——乐天知命，知足无欲。无乐无知是真乐真知，故无所不乐、无所不知、无所不忧，因此颜子能够克己修身、力践行仁。

总之，颜子天资出众，聪明睿智。他对"修道成仁"有着独到的认识和践行路径。颜子的成仁之道是"求诸己"而非"求诸人"。这与孔子所说"非礼勿视，非礼勿听，非礼勿言，非礼勿动"有着异曲同工之妙。孔子认为颜子能够长时间保持仁心，能够"三月不违仁"。颜子把孔子"仁"的学说转化为躬行，真正做到了"己所不欲，勿施于人"。颜子乐天知命、知足无欲、身体力行，具有孔子一直推崇的君子人格，真正达到了"知者不惑，仁者不忧，勇者不惧"的圣人境界。

## 三、颜子的生命境界

颜子一生箪食瓢饮、安贫乐道，他的追求超越了物质和功名。颜子"人不善我，我亦善之"的待人方式，体现了他极高的道德修养和生命智慧。颜子所学就是以仁学为核心的圣人之道。二程曾这样评价颜子："颜子示'不违如愚'之学于后世，有自然之和气，不言而化者也。"我们由此可以看出，颜子不言而化的人格魅力与"和风庆云"般的圣人气象。

### 1. 箪食瓢饮、知足而乐的生活境界

颜子安贫乐道，其精神追求独树一帜。虽然物质条件并不充裕，但颜子仍有志于学习。孔子称赞他说："贤哉，回也！一箪食，一瓢饮，在陋巷。人不堪其忧，回也不改其乐。贤哉，回也！"正是由于颜子真正体会到学习的乐趣，所以对生活条件无过高要求。在平常人看来，"一箪食，一瓢饮"的生活极其艰苦，但颜子不改其乐。这源于颜子心志于道、自有所乐。颜子在物质上贫穷，在精神上富有，处于清贫之中而不觉清贫。"天地间至尊者道，至贵者德而已矣"，颜子把理想中的道看得比个人贫富更重要，宁愿暂时处于贫困之中，也不放弃理想信念，也不放弃道德操守。

在孔子周游列国返回鲁国之后，孔子的许多弟子如子路、子贡、冉求、宰予、子游、冉雍等走向政治舞台，而颜子不为所动。据《庄子·让王》记载，孔子问颜子为什么不出来做官，颜子回答说，家里的田产足以供给衣食之需，学习孔子传授的大道足以自娱，所以不愿意出来做官。《庄子》中关于颜子的记述是否真实呢？许多人认为这并不是颜子的真实思想，只是道家庄子借颜子之口表达自己的思想，借以表达道家的理念。但是庄子为什么要借颜子而不借老子来表达自己的思想呢？这段文字虽然出自《庄子》，但反映了颜子知足而乐的精神境界。关于颜氏之儒的传人，杨海文认为，庄子是颜氏之儒的传人，传颜氏之儒的庄子是儒家，而不是道家；坐忘不是道家的本事，而是儒家的至境；即使庄子后来被道家奉为祖师之一，但他当时是以儒家的身份，把颜子坐忘的工夫与境界记载并传承了下来。章太炎在《国学概论》中讨论颜子、庄子的关系时说："孔子传颜回，再传至庄子。"在《庄子》一书中，庄子不骂本师，除老子外，庄子最推重颜子，对孔子尚有微辞，而对颜子从无贬语。庄子有极赞孔子处，也有极诽谤孔子处；对颜子却只有赞扬而无非议，可见庄子对颜子是极佩服的。

孔子曾说，知足的人不因为有点好处就使自己劳累，不因为没有地位而感到惭愧。他在颜子身上真正看到了安贫乐道的境界。孔子听了颜子的理

想，非常惊诧、佩服。对颜子来说，"君子谋道不谋食"，从政为官是为了实现自己的理想和抱负，而不是为了改善自己的物质生活和社会地位。苏辙评价说："颜子之所以甘心贫贱，不肯求斗升之禄以自给者，良以其害于学故也。"孔子周游列国14年，拜谒80余君，尚且不能得到重用，可见当时的世道确实是混浊莫能用贤，颜子不愿入仕也是必然的。颜子和老师孔子一样，非常清楚地认识到春秋时期各国的形势和当政者对贤才的疏离，所以才选择了"用行舍藏"的最高哲学策略来适应社会，并且内心始终保持着一种积极乐观的心态。

**2. "人不善我，我亦善之"的待人境界**

据《韩诗外传》记载，孔子师徒曾经就如何与人相处进行讨论。子路曰："人善我，我亦善之。人不善我，我不善之。"子贡曰："人善我，我亦善之。人不善我，我则引之进退而已耳。"颜回曰："人善我，我亦善之。人不善我，我亦善之。"三个人因各自的主张不同，请教于孔子。

孔子认为，子路的主张适合与陌生人打交道，子贡的主张适合朋友之间相处，颜回的主张适合亲属之间相处。

孔子指出子路处理人际关系的方式是原始野蛮的做法。子路性格豪爽、勇敢、直率，为人伉直。孔子曾说："自吾得由也，恶言不入于门，是非御侮与？"子路除学习"六艺"之外，还跟随孔子周游列国，为孔子驾车，做侍卫，深得器重。子路在对待朋友方面，即使是名车良马、名贵衣服，也乐与朋友分享，用坏了也没有遗憾；对待仇人则以眼还眼、以牙还牙，"恶声至，必反之"，在子路那里没有委曲求全，只有善恶分明、针锋相对。

子贡处理人际关系的方式是：别人对我好，我就对他好；别人对我不好，我就据此决定与他接近或疏远。孔子指出这种处理人际关系的方式是"朋友之言"，即以朋友的立场看待处理问题。如果志同道合，就相互帮助、投桃报李；如果朋友不能善待自己，就多多自我反省，也许自己有错；如果朋友正确，就改过迁善，向朋友看齐；如果自己正确，而朋友有错又不能善待自己，当然就从此疏远他。子贡的态度是理性的，他克服了子路原始野蛮的做法，站在理性的角度分析处理问题。

颜子处理人际关系的方式是：别人对我好，我就对他好；别人对我不好，我依然善待对方。孔子指出这种处理人际关系的方式是"亲属之言"。所谓亲属之言，即站在亲属的立场看待一切人，把一切人视作亲属。这正是张载"民，吾同胞；物，吾与也"思想的先声。从人人都是天覆地载、人人都是天造地设的角度讲，人人都是我的同胞，都是我的亲属。对待自己的亲属，无论他是否对我好，我都对他好，这是作为亲属的一份责任，也是一份义务。

由此我们说，子路的"蛮貊之言"是力量的对抗，子贡的"朋友之言"是理性的对待，唯有颜子的"亲属之言"是境界的升华，是最能体现儒家精神的待人方式。颜子的待人方式对我们处理人际关系仍有指导意义。

### 3. 乐天知命、无所不乐的处世境界

《列子·仲尼》载：

> 仲尼闲居，子贡入侍，而有忧色。子贡不敢问，出告颜回。
> 颜回援琴而歌。孔子闻之，果召回入，问曰："若奚独乐？"
> 回曰："夫子奚独忧？"
> 孔子曰："先言尔志。"
> 曰："吾昔闻之夫子曰'乐天知命故不忧'，回所以乐也。"
> 孔子愀然有间曰："有是言哉？汝之意失矣。此吾昔日之言尔，请以今言为正也。汝徒知乐天知命之无忧，未知乐天知命有忧之大也。今告若其实：修一身，任穷达，知去来之非我，亡变乱于心虑，尔之所谓乐天知命之无忧也。曩吾修《诗》《书》，正礼乐，将以治天下，遗来世；非但修一身，治鲁国而已。而鲁之君臣日失其序，仁义益衰，情性益薄。此道不行一国与当年，其如天下与来世矣？吾始知《诗》《书》、

礼乐无救于治乱,而未知所以革之之方。此乐天知命者之所忧。虽然,吾得之矣。夫乐而知者,非古人之所谓乐知也。无乐无知,是真乐真知;故无所不乐,无所不知,无所不忧,无所不为。《诗》《书》、礼乐,何弃之有?革之何为?"

颜回北面拜手曰:"回亦得之矣。"

出告子贡。子贡茫然自失,归家淫思七日,不寝不食,以至骨立。颜回重往喻之,乃反丘门,弦歌诵书,终身不辍。

一天,孔子独自坐在房里,子贡进去侍奉他,看见孔子面带忧色。子贡不敢问孔子,出来告诉颜子。于是师徒二人展开了一段关于人生哲学的对话。颜子认为只要顺应天意的变化、知道命运的穷通,就不会忧愁,所以他能够始终保持快乐。孔子说自己编订《诗》《书》,修正礼乐,打算用它来治理天下,留传给后世。但现实是,鲁国君臣日益丧失应有的秩序,仁义道德日益衰落,人情人性日益浅薄。孔子认为自己的政治主张难以在后世推行,却找不到解决的办法。孔子认为现在的"乐天知命"并不是古人所说的"乐天知命",它的内涵已经发生了变化:无乐无知,才是真乐真知;只有无乐无知,才能无所不乐、无所不知、无所不忧、无所不为。颜子领悟到这个道理,并帮助子贡领悟老师的处世境界。

我们从这段记载中,可以看出孔子为学的三个层次或者说生命的三个境界:第一个境界,乐天知命之无忧;第二个境界,乐天知命之所忧;第三个境界,无所不乐、无所不知、无所不忧。这可以说是孔子、颜子在为学过程中共同探讨、体悟出来的生命境界。当孔子独自忧愁的时候,颜子援琴而歌,一忧一乐,代表着两重意义、两种境界。颜子努力行道,已经进入乐天知命之境。颜子之乐是悟道之乐、体道之乐、行道之乐。孔子认为颜子的乐天知命不忧是个体的自由、个体之乐。孔子所忧不是个体之忧,而是对国家天下、人类未来命运的担忧。孔子正是因为乐天知命,故而才有此国家天下之忧。自己的学说在鲁国都行不通,何以行天下?不能行当年,何以行来世？这才是孔子所忧。正是在这种担忧中，孔子的生命境界升华到新的层次，由"忧"上升至"乐"。这种"乐"不是个体之乐，而是因对天道通彻感悟得到的乐。此乐经历了"乐天知命—乐天忧命—无所不乐"的变化升华，是更高层次的乐。于此，颜子亦得之矣。与颜子相比，子贡还有一定的差距，故而对孔子、颜子"乐—忧—乐"的升进秩序不理解，不理解而强解，劳心费神，不得其解，"归家淫思七日，不寝不食，以至骨立"。因此颜子再次前去开导子贡。子贡终于领悟到"乐天知命"境界的升进，于是返回孔子那里，"弦歌诵书，终身不辍"。

由此可知，孔子的圣人之境是为国家天下、人类未来的大境界，如同天上的日月，让人无法超越。颜子正是在孔子的引导下，领悟到这种圣人之境。颜子的愿望体现了颜子的人生理想和精神境界。颜子贫而乐道，乐天知命，把贫穷看作富有，把低贱看作高贵，不勇猛却有威严，与有气节、有学问的人结交。孔子对颜子的无欲则刚、谦让有礼、择言而出、恭敬有为极其赞同，还说："虽上古圣人，亦如此而已！"孔子认为颜子已经达到了"上古圣人"的境界。从历史的发展来看，颜子的确达到了"圣人"的境界，成为中国历史上儒家圣人的典范。

**4. 心志纯一、摒除杂念的虚空境界**

周敦颐在《通书》中称赞颜子说，富贵是人们共同追求的东西，但在颜子眼中，世界上还有比富贵更重要的，那就是"大"，荣华富贵便是"小"，颜子以圣贤为目标，在箪瓢陋巷中忘却了"小"。周敦颐认为颜子作为至圣之高足，是"学而知之"的典范，性格纯厚，"不爱不求而乐乎贫者"，能够"见其大而忘其小"，"富贵贫贱，处之一"。据《庄子·人间世》记载，颜子学成之后，欲游说卫君，拯救卫国百姓于水火，临行前向孔子辞行。孔子担心颜子会受到卫君的迫害，因为卫君年轻气盛，臣子如果不顺从他，就会被排斥打击，甚至被杀死；如果顺从卫君，就会助长他的气焰、增加他的过失，所以孔子认为颜子此行无异于抱薪救火，于事无补。于是，颜子说："端正而虚心，勤奋而忠贞，这样就可以了吧？"孔子说："不行！卫君喜怒无常、刚愎自用，如果用规劝来对治卫君狂妄的个性，他就会对这个人加以压制以满足自己放纵的欲望。天天用小德来匡正他尚且不成，何况是大德呢？卫君顽固不化，即使表面上好像同意你的意见，实际上却毫无悔过自新的诚意。这样，你的想法如何能够行得通呢？"

颜子说："那么我就内心正直而外貌随方就圆，追随古人的德行，成就今天的君臣大义。内心正直就是一切顺应天道变化。一切顺应天道变化就能认识君王和我自己，君王和我都是上天哺育的儿子，为什么要让自己的言论求得他人喜欢呢？像这样子，人们都说很天真，这就是顺应天道变化。外貌随方就圆是一切顺应人事变化。拱揖，跪拜，鞠躬，尽到做臣子的礼节。援引成说而上比于古人，就是与古人同类。"孔子说："哎呀，这怎么行！很多观点虽然很正确，但是行不通。"颜子说："我再也想不出高明的办法了，请问应该怎么做。"孔子说："你进行斋戒，我才告诉你！想办成一件事，有容易的吗？如果那么容易，便是违背天理了。"颜子说："我家境贫寒，已经好几个月不饮酒、不吃荤了。像这样可以算是斋戒了吧！"孔子说："祭祀的斋戒与内心的斋戒是完全不同的啊！"颜子说："请问什么是内心的斋戒？"孔子说："你要心志纯一，摒除一切杂念，不要用耳听，要用心听；不要用心听，要用气来听。耳朵只停留在外物的声音上，心只停留在对声的印证上，气以虚空来应对外物，只有道才能使虚空集结。这个虚就是心斋。"

颜子说："我没有进行心斋时，觉得自己是存在的；但进行心斋之后，就觉得自己不存在了，这是不是可以叫作虚空呢？"孔子说："你的理解很详尽了。我告诉你，如果能够不去计较'名'那种东西，卫君听得进去就说，听不进去就不说，全身心放到自然的境地里就可以了。只有把心虚空起来，空洞洞的心才能一片洁白，这样吉祥就会停留在这里。外物沿着耳目通向内心而为心智所拒纳，禹、舜把它当作至高境界，伏羲、燧人氏把它当作终极境界，这是一般人所极其向往的！"

颜子看到卫国国君"其年壮，其行独"，甚至"轻用民死"，使国家陷入困境，便抱着强烈的救世心态，意欲用自己的思想与方法在卫国有所作为。孔子告诉颜子要解决卫国的问题，首先要解决自己的心境问题，这个心境就是心斋。

颜炳罡认为心斋并不是道家的专利，这是长期以来学术界的误解。心斋思想是通过孔子与颜子的对话表述出来的，显然与孔子、颜子有着密切的关系。庄周是借孔子与颜子的观点论证自己的观点。心斋是虚，虚并不是一无所有，并不是空无一物，而是虽有无异于无，虽实无异于虚。颜子在没有体悟到心斋以前，能实实在在感到自己的存在，这个存在就是以自己的观点、态度去评判世界；体悟到心斋以后，"未始有回也"，并不是颜子就不存在了，而是放弃了自以为是，下己以纳人，虚己以纳物，听得进去就说，听不进去就不说，获得了高度的精神自由。心斋与其说是道家的专利，不如说是儒家的发明。发明人当然就是孔子、颜子师徒。孔德立指出，无论是避世的道家庄子，还是儒家的思孟学派，都对孔颜所乐的境界极为推崇，但他们对孔颜乐处的理解同源而异流。道家主张出世，认为应无欲无求、自然无为，颜子安贫乐道的境界正符合庄子的性情，所以他对颜子推崇备至。道家继承了儒家的心斋思想并将其引入虚寂。儒家则主张入世，认为应心志纯一、不计功名，孔子、颜子把乐作为人格修养的最高境界。孔颜乐处的精神境界对培养中华民族的坚毅品格和乐观精神有着积极意义。

### 5. 离形去知、仁乐合一的仁义境界

《庄子·大宗师》载：

> 颜回曰："回益矣。"仲尼曰："何谓也？"曰："回忘仁义矣。"曰："可矣，犹未也。"
>
> 他日复见，曰："回益矣。"曰："何谓也？"曰："回忘礼乐矣。"曰："可矣，犹未也。"

他日复见，曰："回益矣。"曰："何谓也?"曰："回坐忘矣。"仲尼蹴然曰："何谓坐忘?"颜回曰："堕肢体，黜聪明，离形去知，同于大通，此谓坐忘。"仲尼曰："同则无好也，化则无常也。而果其贤乎! 丘也请从而后也。"

颜子说："我有进步了。"孔子说："你说的进步是什么呢?"颜子说："我忘掉仁义了。"孔子说："可以了，但还没有进入大道的境界。"

过了几天，颜子又去拜见孔子，说："我有进步了。"孔子说："你说的进步是什么呢?"颜子说："我已经忘记礼乐了。"孔子说："可以了，但还没有进入大道的境界。"

过了几天，颜子又去拜见孔子，说："我有进步了。"孔子说："你说的进步是什么呢?"颜子说："我现在达到坐忘的境界了。"孔子吃惊地问道："什么叫作坐忘?"颜子说："遗忘了自己肢体的存在，遗忘了耳目的聪明，离开形体，去掉知觉，与大道融通为一，这就叫作坐忘。"孔子说："与大道融通为一就没有个人喜好了，同天化为一体就没有世俗人情了。你果真成为贤人了! 我愿意跟在你后面学习!"

图 7-14　坐忘图（《复圣图赞》）

庄子认为颜子的境界已经超过了孔子。颜子已达到坐忘的境界，而孔子还没有达到这一境界。"仁义""礼乐"是儒家学习的重要内容。人们不禁要问：颜子自称忘记仁义，那么还是儒家吗？颜炳罡认为，此处的忘仁义并不是忘记，而是不滞于仁义，此忘不是真忘，而是"同"或者说"化"。此处的坐忘不是忘记，而是将仁义同而化之，与道为一。"离形去知"就是不要执于有我，无我即忘我，忘我即坐忘。实现了忘我就可以实现与道合一，"仁义""礼乐"就是儒家之道，与道为一就是让"仁义""礼乐"由外在的行为规范内化为生命的本质，使个体之我没有私欲和偏好。"唯仁者能好人，能恶人"，坐忘即仁的境界，仁的境界即与天地融合为一的境界，就是与道融合为一的境界。

程颢在《答横渠张子厚先生书》中讲到儒家追求的生命境界："夫天地之常，以其心普万物而无心；圣人之常，以其情顺万事而无情。故君子之学，莫若廓然而大公，物来而顺应。""安贫乐道"乃"仰不愧于天，俯不怍于人"的生命境界。程颢认为人们只有破除小我的局限，达到与万物同体、与宇宙同在的境界，才能达到"孔颜乐处"的境界，才能获得超越物我、与万物浑然一体、"鸢飞鱼跃"的精神自由。

# 第八章 颜子对后世的影响

自复圣颜子以降，颜氏家族文化绵延传承，家风不坠。从春秋时期名列显学的"颜氏之儒"到"家训之祖"《颜氏家训》，从琅邪颜真卿的"颜体"书法艺术到平民儒学家颜钧的"大中学庸"哲学，从思想巨擘颜元的"实学"主张到曲阜"颜氏一母三进士"的诗文成就，再到广东连平颜伯焘家族勤政爱民、忠贞爱国的政德思想，无不深刻体现出颜氏家族忠孝传家、诗书继世的家风传承。

# 一、战国时代颜子影响下的"颜氏之儒"

21世纪以前，由于文献资料和考古证据的缺乏，人们对先秦颜氏之儒只能管窥蠡测，难以进行全面深入的研究。直到21世纪初，随着对上海博物馆从香港购得的战国竹简的解读，颜氏之儒的神秘面纱才得以初步揭开。

"颜氏之儒"一词最早见于《韩非子·显学》篇："世之显学，儒、墨也。儒之所至，孔丘也。墨之所至，墨翟也。自孔子之死也，有子张之儒，有子思之儒，有颜氏之儒，有孟氏之儒，有漆雕氏之儒，有仲良氏之儒，有孙氏之儒，有乐正氏之儒。……故孔、墨之后，儒分为八，墨离为三，取舍相反不同，而皆自谓真孔、墨……"《史记·

图8-1 《颜渊问于孔子》（上海博物馆藏战国楚竹书）

儒林列传》载："自孔子卒后，七十子之徒散游诸侯，大者为师傅卿相，小者友教士大夫，或隐而不见。故子路居卫，子张居陈，澹台子羽居楚，子夏居西河，子贡终于齐。"孔子卒后，孔门师徒作为一个完整的学术群体宣告解体，七十子及其后学对孔子学说的取舍不同甚至截然相反，在不同地区从不同方面传播、发展孔子的思想，从而形成了众多观点不同甚至相反的学派。那么颜氏之儒的代表人物是谁？核心思想是什么？颜氏之儒之所以成为独立的一派，其主要特征又是什么？

## 1. 颜氏之儒的代表人物

从学于孔子的颜姓弟子至少有 9 位，如颜路、颜回、颜幸、颜高、颜祖、颜之仆、颜哙、颜何、颜浊邹，等等。颜氏之儒的代表人物应该是谁呢？郭沫若在《儒家八派的批判》中认为颜氏之儒当指颜子一派，也有学者认为颜氏之儒指颜浊邹一派，还有学者认为颜氏之儒指子游后学。郭沫若认为颜子虽然早死，但他生前是有门人的。这一观点为后世大部分学者所接受，我们认为郭沫若的观点比较接近历史原貌。

颜氏之儒的代表人物之所以是颜子，原因有二。第一，在孔门弟子中，颜子不仅是颜姓弟子中的佼佼者，而且是整个孔门弟子中公认最优秀的，被誉为"四科之首""德行之冠"，因此颜子是最有条件继承孔子学说的弟子。第二，颜子生前已经招收弟子，并且有自己的门人。按照孔子"三十而立"的说法，颜子在 30 岁至 41 岁去世前的 10 余年里，完全有可能招收弟子，设帐授徒，独立讲学。《论语·先进》载："颜渊死，门人欲厚葬之。子曰：'不可。'门人厚葬之。"厚葬不符合孔子的意愿，他要像对待自己的儿子伯鱼一样对待颜回，所以强烈反对厚葬颜回。而这些门人在孔子的强烈反对下，仍厚葬了颜子。因此，有学者指出，这些门人是颜子的门人而非孔子的门人，他们视颜子犹父，厚葬颜子合情合理，所以说颜子生前有门人之说也是有一定依据的。"颜氏之儒"这一派别发展到战国中期，已经成为儒家的一个重要思想流派，因此韩非子在书中提到"颜氏之儒"。

## 2. 颜氏之儒的核心思想

颜氏之儒注重社会现实。《孔子家语·颜回》篇论述的大都是宽政仁德、君子小人、朋友交往等现实问题。杨朝明认为《孔子家语》成书于孔子去世后不久，由孔子众弟子编成，体现了孔子思想的本旨。而《孔子家语·颜回》篇应该能够在很大程度上体现颜子思想的主旨。

颜子聪敏过人，可以根据客观情况和发展规律，由此推彼，预知一些事情。这方面的事例主要有三个。其一是预知东野毕的马将逃逸。东野毕善御，鲁定公询问颜子是否听说过。颜子认为其虽善御，但"其马将必佚"。鲁定公认为颜子这是在背后非议人。几天后，有人告知鲁定公，东野毕的马逃逸了。鲁定公赶紧召见颜子，问他何以未卜先知。颜子说善御者不应穷其马力，就像善政者不应"穷其民力"。孔子听到后，夸赞颜子说："夫其所以为颜回者，此之类也。"其二是预知子贡将归。孔子派子贡外出，很久没有回来，因此让弟子占卜，占卜结果是一凶卦——鼎卦。《鼎卦》的九四爻辞是"鼎折足，覆公悚，其形渥，凶"。意思是，鼎折断了鼎足，王公的美食倒了出来，弄脏了周围的环境，有凶险。因此，其他弟子都说子贡无法回来了。而颜子依据鼎卦上离下巽，离卦代表光明，巽卦为木，象征着船，九四爻指向无足，断定子贡将乘船而来。果然，子贡第二天乘船到了。其三是闻声知事。在卫国时，颜子侍于孔子之侧，听到有人在哭泣。他认为哭者不但有死别之苦，还有生离之痛。孔子派人去询问后得知，原来是哭者"父死家贫，卖子以葬，与子长决"，因此夸奖颜子"善于识音"。

因为颜子德行出众、仁爱诚信、虚心好学，所以无论是孔子还是孔门弟子，都对颜子交口称赞。孔子多次夸赞颜子好学，称其为贤人；子贡说自己"何敢望回"；曾子说自己比不上颜子，认为自己既无"颜氏之言"，亦无"颜氏之才"。《孔子家语·六本》篇载孔子赞扬颜子："回有君子之道四焉：强于行义，弱于受谏，怵于待禄，慎于治身。"实行德义时坚定，接受劝谏时柔顺，得到官禄时戒惧，修养自身时谨慎。他向往的是明王圣主主政、仁义道德治国，希望构建一个德教风行、君臣同心、上下协调、家家富足、安定和谐的理想社会，这里没有战争之患，没有劳役之苦，没有别离之痛，人人讲仁义，个个守礼节。

### 3. 颜氏之儒的主要特征

颜氏之儒是颜子及其弟子所形成的学术群体。颜炳罡认为，颜氏之儒作为传道之儒，继承和拓展了孔子天道性命的形上智慧，以自强不息、奋进不已作为人生信条，追求用行舍藏、乐天知命的人生境界，向往没有战争、没有纷争的大同社会。从颜氏之儒的特征来看，颜氏之儒与《系辞》《象》《彖》《文言》等有着内在的联系。《系辞》《象》《彖》《文言》《序卦》有可能是颜氏之儒的作品。

图 8-2　纪念颜子诞辰 2536 年祭祀大典
（2015 年 12 月 26 日，颜世德提供）

颜氏之儒具有六大特征：第一，颜氏之儒是传道之儒，"孔门四科"——德行、政事、言语、文学分别对应的是传道精英、治国能臣、外交家和历史文化人才。颜氏之儒继承了颜子"不迁怒、不贰过"的道德品质和"三月不违仁"的道德境界，是名副其实的传道之儒。第二，颜氏之儒继承和拓展了孔子天道性命的形上智慧，参天道之玄，达情性之理，使穷神知化成为颜氏之儒的重要特征。孔子说："颜氏之子，其殆庶几乎！有不善，未尝不知，知之未尝复行也。"第三，颜氏之儒可以依据事物的发展规律对事物的发展前景做出相应的预测，正如前文所述。第四，颜氏之儒以自强不息、奋进不已为人生信条。孔子评价颜子说："吾见其进也，未见其止也。"颜子曾说："舜何人也？予何人也？有为者亦若是。"孟子高度评价颜子，将颜子与古圣王并列，说："禹、稷、颜回同道。""禹、稷、颜子易地则皆然。"（《孟子·离娄下》）颜子的一生是自强不息、奋进不已的一生。第五，颜氏之儒追求人生的通体之乐，其一个重要特征是用行舍藏、乐天知命。自己的才能、智慧为世所用，就行其道，不为世所用，就退而藏之。《韩诗外传》载："颜渊问于孔子曰：'渊愿贫如富，贱如贵，无勇而威，与士交通，终身无患难。……'"所以，孔颜乐处成为后世儒家知识分子的理想人生境界。第六，颜氏之儒向往构建没有战争、没有纷争的大同社会。我们从颜子西游于卫、东游于齐可以看出，颜子曾经积极入世。颜子的政治理想是实现这样的治世愿景："主以道制，臣以德化，君臣同心，外内相应。列国诸侯，莫不从义向风，壮者趋而进，老者扶而至。教行乎百姓，德施乎四蛮，莫不释兵，辐辏乎四门。天下咸获永宁，蝡飞蠕动，各乐其性。进贤使能，各任其事。于是君绥于上，臣和于下，垂拱无为，动作中道，从容得体。言仁义者赏，言战斗者死。"构建这样的理想社会既是颜子的追求，也是颜氏之儒的共同追求。

冯和一根据上海博物馆藏战国楚竹书（下文简称上博简）中的《颜渊问于孔子》《君子为礼》等指出，颜子对孔子圣学"事""教""至明"之道的默而知之，对"仁""义""礼""智""信""让"的谙习体悟，体现了颜子与圣合契的学圣功夫，说明颜子具备知微知彰、察往知来、洞悉天道的庶几之力。理学家程颐认为，颜子之所以能够在众弟子中脱颖而出，关键在于他学的是如何成为圣人、如何将圣人之道发扬光大、如何重建有道社会。孔门中有人意欲学圃，有人立志为政，有人愿学六艺，然而很多人往往因不愿学、不能学或力不足学而放弃学圣与仁，只有颜子以孔子为楷模，视禹稷为同道，具有承续圣学衣钵的潜质，具有发明至理、学以至圣的好学精神和统领未来发展的能力，故孔子对他寄予厚望。

上博简中的《颜渊问于孔子》主要讲孔子与颜子对"事""教""至明"之道的探讨，涉及颜子对道之内涵的把握、道之所存的理解和"学以至圣人之道"的追求。第一，此文体现了颜子对夫子之道体悟、推行的渐进过程。对于"事之道"，孔子将圣道与有道社会的重建相联系，指出要通过"敬有位""先有司""老老""慈幼"等方式，实现"君子之内事"的目标。第二,此文指出推行圣道的最佳途径是"教"。圣人因事立教,寓教于治,以教化民,以教导民,以教立政。《颜渊问于孔子》记载了颜子与孔子探讨"教之道",提出要以修身为先,以德导民,以教化民,认为君子应重视自身修养,做到"博爱""俭""让"等,以感召、引导民众,从而实现"迪而教之"——启迪民众、教化民众的目标。第三,此文印证了颜子以德行为先,追求内圣外王,致力于构建"至明""有道"社会的非凡理想。宋立林认为上博简《君子为礼》与《论语·颜渊》篇关系密切,体现了颜氏之儒对礼学的重视,可以说礼学是颜氏的家学。常佩雨则认为上博简《颜渊问于孔子》使颜氏之儒重见天日,体现了颜氏之儒的亲亲、尊贤、贵民、修身、礼乐教化等思想,展现了春秋时期原始儒家向战国时期儒家发展的轨迹,有助于我们认识战国时期儒家思想的面貌。

## 二、南北朝颜之推《颜氏家训》的家庭教育思想

南北朝颜之推为复圣颜子三十五代孙,著有《颜氏家训》。这部著作被誉为中国的"家训之祖"。颜之推九世祖颜含(谥"靖")在西晋永嘉之乱时,随司马睿南渡,安家于建邺(今江苏南京)上元长干里,居官20余年,清廉自持,以孝友著称,治家教子,素为整密,著有《靖侯成规》。颜之推六世叔祖颜延之为南朝著名诗人,与谢灵运并称"颜谢"。颜之推自称"生于乱世,长于戎马,流离播越,闻见已多"。他历经四朝——梁、北齐、北周、隋,"三为亡国之人",由此"追思平昔之指,铭肌镂骨",结合自己一生所见所思,著成《颜氏家训》,以此来敦促子孙勤而好学、弘扬颜氏家风。《北齐书·颜之推传》载:"世善《周官》《左氏》,之推早传家业。"颜之推继承祖辈精研儒学的传统,以儒家思想为主,兼及佛、道,在前后30多年的时间里锱铢积累,终于著成《颜氏家训》。

图 8-3 《颜氏家训》刻本书影

图 8-4 当代不同版本《颜氏家训》书影

《颜氏家训》是我国家训发展史上里程碑式的著作。颜之推开篇就讲著此书的缘由：整顿家风——"整齐门内，提撕子孙"，继承前代圣贤传统——"教人诚孝，慎言检迹，立身扬名"。这部著作反映了颜之推的深邃思想和独到见识，体现了其以儒家伦理观念为主的思想。颜之推训诫子孙要"务先王之道，绍家世之业"，在修身、治家、为政、处世、治学等方面提出要求。颜之推实际上是在玄学思想盛行、儒释道三教并存的背景下,以家庭教育的方式和现实应用的理念对传统儒家思想做出新的阐释和解读,使儒学融入子女的教育中,并使儒学成为子女立身处世的标准。

### 1. 修身方面:慕贤修身,力求自我反省、德艺周厚

尊贤使能是儒家一贯的思想主张。孔子曾说:"见贤思齐焉,见不贤而内自省也。"孟子则主张"尊贤使能,俊杰在位",并极力称颂出身卑微却终能成大器的大舜、傅说、胶鬲、管夷吾、孙叔敖、百里奚等贤才。荀子认为,贵贤敬贤关乎国家存亡,"尊圣者王,贵贤者霸,敬贤者存,慢贤者亡",尚尊敬贤能够成就一代明君霸主。颜之推继承了儒家向贤才学习和尊贤使能的思想,主张慕贤修身。他在《颜氏家训·慕贤》中引用古语"千载一圣,犹旦暮也;五百年一贤,犹比髆也",阐明圣贤难得的道理,认为如果遇到"明达君子","安可不攀附景仰之乎?"他认为人才非常重要,"国之存亡,系其生死",并举出实例加以证明:侯景之乱时,建邺城的王公大臣和民众仰仗羊侃卓越的军事才能才得以安身;齐宣帝仰仗尚书令杨遵彦辅政,才使得内外清谧、朝野晏如。

颜之推重视自我反省。颜之推幼年时,其父去世,颜之推的兄长把他抚养成人。兄长有仁无威,督导不严,所以颜之推受到了世俗之人的影响,年少时轻率放纵,不修边幅。到 20 岁以后,他常常反省自己,"每常心共口敌,性与情竞,夜觉晓非,今悔昨失"。儒家特别注重自我反省,如曾子曰:"吾日三省吾身。"孟子曰:"行有不得者,皆反求诸己。"颜之推的自我反省意识与儒家的自省思想一脉相承。

颜之推认为一个人所处的环境对修身至关重要:人在年轻的时候,气质性情尚未定型,极易受到身边朋友的影响。即使自己不刻意效仿朋友的言行举动,也会在潜移默化中受到影响。因此,与品行好的人相处,就如同走近芷草兰花,久而自芳;与品行差的人相处,如同走入鲍鱼之肆,久而自臭。颜之推认为由于圣贤稀少,一旦遇到世间少有的明达君子,便常常心醉神迷地倾慕于他。

修身要警惕世人"贵耳贱目，重遥轻近"的弊病，不能只重视听到的传闻故事而轻视看到的人物事迹，不能只看重远处的人物而轻视身边的人物。他举出两例：其一，鲁国人因为孔子近在咫尺，就对孔子直呼其名，称他为"东家丘"。其二，虞国的大贤人宫之奇因为从小就生活在虞君身边，所以虞君虽然十分亲近他，却不肯接受他的劝谏，最终导致亡国。

颜之推特别强调，如果采纳了他人的意见和建议，要明示于人，不可掠人之美，所谓"用其言，弃其身，古人所耻"。用人之美，必倾力相誉，但凡一句话或一件事是取自他人的，都应该公开称誉人家，不能夺人所好、据为己有。即使所效法的人地位低下，也应该归功于他。无论谁窃取他人的功绩，鬼神都会对他加以谴责。

对于名实之辩，颜之推认为德艺周厚，名必善焉。名声与实质就像形体与影子的关系一样。德才兼备的人，其名声必然美好；相貌清秀的人，其影像必然美丽。于个人是要树立好名声，于社会是要形成好风气："上士忘名，中士立名，下士窃名。忘名者，体道合德，享鬼神之福祐，非所以求名也。"颜之推认为神灭形消，留下的名声就如"蝉壳蛇皮，兽远鸟迹"一样，与死去的人关系不大，但是圣人为了教化后人、勉励世人扬名后世，故劝勉人们效法伯夷，使社会形成清廉的风气；劝勉人们效法柳下惠，使社会形成仁爱的风气；劝勉人们效法史鱼，使社会形成正直的风气。

**2. 治家方面：孝悌治家，务求宽严相济、节俭有度**

首先，颜之推认为孝为百行之首，主张以孝悌治家。颜之推从小就受到父亲和兄长的谆谆教导，在侍奉双亲时，行为谨慎，举止端庄，言语平和，神色安详，恭敬有礼。《礼记·曲礼上》曰："凡为人子之礼，冬温而夏凊。"颜之推继承了颜氏家族"孝亲"的优良传统，在《颜氏家训》中一再强调"孝"对立身传家的重要性。他所言孝有两重含义：第一，对于生者，以顺心承意为先，"生事之以礼"。颜之推认为子女应该对父母"先意承颜，怡声下气，不惮劬劳"，体察父母的心意，顺应父母的愿望，与父母说话和颜悦色，为父母不怕劳苦。第二，对于逝者，按时祭祀，不忘亲人，"死葬之以礼，祭之以礼"。他希望后世子孙不要淡忘逝去的亲人，不要忘记孝行孝道。颜之推一直以未能迁葬父母为憾，他希望把父母之坟从江陵迁到扬州，但是由于国家动乱，兼受人力、财力和自然环境等条件的限制，未能达成夙愿。

颜之推认为风化是上行下效、自先而后的。"父不慈则子不孝，兄不友则弟不恭，夫不义则妇不顺。"他特别强调应笃于兄弟关系，认为兄弟要和睦相处，只有友悌深至，才能不为外人所移。如果兄弟之间不和睦，就会出现一系列矛盾：兄弟之间不和睦，子侄之间就不友爱；子侄之间不友爱，族人的关系就疏远淡薄；族人之间疏远淡薄，仆从甚至就会成为仇人。这样的话，连行路之人都"蹄其面而蹈其心"。颜之推质疑道：有的人可以结交天下的士人，与他们相互友爱，却对兄长缺乏敬意，为什么能结交众人却不能尊敬自己的兄长呢？有的人有能力统率数万军队，让士兵以死相报，为什么却对自己的亲兄弟失于照顾呢？他认为这样做是丝毫不足取的。

在治家方面，颜之推首先强调的是对子女的教育，并且非常讲究教育的方法。第一，"父母威严而有慈，则子女畏慎而生孝矣"。他主张教育子女应严慈相济，切忌过分溺爱子女。不论天子诸侯，还是平民百姓，如果一味偏爱子女，反而会使他们招祸。第二，对于婿媳应该一视同仁，不应厚此薄彼。宠爱女婿，就会使儿子产生怨恨；虐待儿媳，就会使女儿进谗言，婆婆会落得"落索阿姑餐"的凄凉下场。颜之推还重视子女的气节教育，举例说：齐朝有一士大夫教子女迎合世俗需要，只练习讲鲜卑语、弹奏琵琶之类的技艺，靠这些来谄媚达官贵人，真是令人气愤！靠这种办法晋升，即使能做到宰相，也不为人所齿。颜之推自始至终都不愿让子孙丧失立身的原则。

其次，颜之推主张治家要节俭有度。他引用孔子所说："奢则不孙，俭则固；与其不孙也，宁固。"颜家以"陋巷世家"著称于世。颜之推认为如果能够做到乐善好施、济人贫困，就很好了；相反，一个骄傲吝啬的人即使有周公的才能，也不值得称道。他认可北方的风俗，因为北方的大部分家庭都能做到勤俭节约，以保障衣食所需；而江南一带奢侈风行，在节俭方面大都比不上北方。

再次，颜之推认为治家要宽严相济。他说"治家之宽猛，亦犹国焉"，又举出过严和过宽两方面的事例加以证明。梁元帝时期，有一位中书舍人治家过于严厉苛刻，结果他的妻子和小妾共同买通刺客，等他酒醉时把他杀死了。还有一些人治家过宽，只知道一味宽厚仁慈，以致日常饮食、馈赠客人的礼品被仆人从中克扣，承诺接济亲友的物品被家人偷偷减少，甚至发生轻视侮辱宾客、侵害乡里的事，这都是过于宽仁造成的。

颜之推特别重视婚姻问题，认为此事不可不审慎对待。他认为子女婚配不应重彩礼、贪权势，而要找清白人家。因为贪图权力和钱财，有的家庭招来品行差的女婿，有的家庭则娶到狂傲的儿媳。对于当时流行的后娶纳妾现象，颜之推也进行了严厉批判，认为后娶会造成父子不合、辞讼盈家等问题，所以应慎重对待后娶之事。

### 3. 为政方面：忠君爱国，务求坚守正道、推崇德行

颜之推十二世祖颜盛曾任东汉尚书郎，曹魏时历任青州、徐州刺史，被封为关内侯。自颜盛始，颜氏自曲阜迁琅邪临沂孝悌里。颜之推九世祖颜含在西晋怀帝永嘉时过江，历散骑常侍、大司农，豫讨苏峻有功，被封为平西县侯，拜为侍中，后迁光禄大夫。颜之推八世祖颜髦字君道，"少慕家业，悖于孝行"，桓温叹其有"廊庙之望"。颜之推祖父颜见远"博学有志行"，历任安城王侍郎、征西参军，齐和帝时为治书侍御史兼中丞，梁萧衍受禅，绝食而死。颜之推父亲颜协"博涉群书，工于草隶"，任南朝萧绎湘东王国常侍兼府记室。

颜之推认为臣子首先要忠于国君，在《颜氏家训·省事》中强调，"逆乱之行，得罪于君亲者，又不足恤焉"，认为悖逆之臣子死不足惜。他认为为官不能汲汲于功名，"君子当守道崇德，蓄价待时，爵禄不登，信由天命"，应当坚守正道，修养道德，蓄积声望，以待时机。颜之推认为那些索求奔走、不顾廉耻、居功傲物、声色俱厉、怨天尤人，甚至以上司的毛病相

要挟、混淆视听，以求早日被安排任用的行为绝非君子所为。如果用这些手段得到官职，实在如同盗取官职一样。颜之推通过举例来说明哪些事情应该竭尽全力去做、哪些事情应该竭力去避免。颜之推认为有人做好事时可以参与，有人做坏事时就要离开，绝不能结党营私做不义之事。如果有敢死的勇士如伍子胥、季布、张俭、赵岐来投靠我，即使因此遭到惩罚，也心甘情愿，死而甘心。如果有亲友面临危难，不应当吝啬精力和家里的钱财。总之，要以是否遵循仁义来决定自己的言行。另外，为官不可沽名钓誉，不可勉强做自己不擅长的事情。他举例说，有一位礼官决意解决一位山东学士和关中太史争论历法的问题，结果他自己才疏学浅，最终也无法裁决，只得羞愧退出，还受到了上司的责问，这是沽名钓誉招来的耻辱。

颜之推认为士君子要以"有益于物"为贵，而不是高谈空论、弹琴练字，以此空耗俸禄。他在《颜氏家训·涉务》中把人才分为六种：一是通晓国家政治体制的官吏，满腹经纶，博学雅正；二是负责文书记事的官吏，擅长撰写典章历史；三是军队中的将领，有决断，有谋略，坚强有力；四是负责治安保卫的官吏，熟悉当地风俗，廉洁清正，爱护百姓；五是奉命出使的官吏，能随机应变，不辜负君主使命；六是负责土木建筑的官吏，办事高效，节约费用，有谋略，有技术。这些都是勤奋好学、有操守德行的人才能做到的。能明白其中的要旨，尽职尽责就可以问心无愧了。

然而现实状况是，魏晋以来，玄学盛行，官员不谙实务，以致认马为虎，被人笑话。侯景之乱发生时，不少士大夫因为筋骨柔软、体质虚弱、气血不足，受不了冷热之激，仓猝而死。有的士大夫久居府中，"出则车舆，入则扶侍"，甚至连马都没有见过。建康令王复性情温文尔雅，看到骏马奔腾跳跃，就震惊害怕，对人说道："这是老虎，为什么称为马呢？"他也因此被传为笑谈。

### 4. 处世方面：务实中庸，力求以礼为度、知足而止

中庸之道是儒家圣贤智慧的结晶。"中庸"就是对事物不偏不倚、恰到好处的把握，是一种能达到平衡、和谐的人生哲学。孔子最先提出"中庸"

的概念："中庸之为德也，其至矣乎！"《中庸》一书全面深刻地阐释了中庸思想，认为"中庸"是世界和人存在、发展的最理想状态。"中庸"思想体现了天人合一的崇高伟大、美妙神奇。

颜之推教育子孙当以此为立身持家的基本原则和处世方法。颜之推告诫子孙要知足少欲，勿贪权势，为官贵在中品，婚配勿贪权势之家。颜之推用形象的比喻说明做事要留有余地，合乎中庸之道。他说人在咫尺宽的山路上行走，常会失足跌落；人从独木桥上过河，常会掉到水中淹死。这是脚边没有余地的缘故。君子在社会上行事也是同样的道理，凡事要留有余地。在生活需求方面，颜之推以最低限度为准，只要"衣趣以覆寒露，食趣以塞饥乏"足矣。在家庭管理方面，颜之推认为要缩减家庭规模、力求节俭。他说二十口的家庭不要有过多的奴婢，田地仅够养家、房屋能遮风雨、车马能代步、钱财仅备急需即可，超过这个数量，就该仗义疏财。

颜之推甚至认为仕宦也要中道而行。他认为最为稳妥的是处于中品的官位，说："仕宦称泰，不过处在中品，前望五十人，后顾五十人，足以免耻辱，无倾危也。"颜之推以其九世祖颜含的遗训为准则，认为做官俸禄"不可过二千石"，做到州府一级的官职能够养家即可。颜之推认为自己任黄门侍郎一职，本应告退了，只是因为客居异乡，怕遭人怨恨毁谤，所以没有辞职。颜之推为官非常谨慎，原因在于他身处战乱纷争的时代，仕途艰险，宦海浮沉，很多侥幸富贵的人早晨得掌大权，晚上却葬身荒野。所以，他告诫子孙做官一定要谨慎！

践行中庸之道关键是要使自己的言行符合礼的规范。"礼，身之干也。"礼是处理与他人、与社会关系的准则。一个人如果能够时刻恭敬守礼，就能在社会上张弛有度、游刃有余，不至于招来不敬和祸端。颜之推从小受到儒家思想的熏陶，非常重视礼，认为："礼为教本，敬者身基，瞿然自失，敛容抑志也。"颜之推认为应以礼让为政教根本，以恭敬为立身基础，警惕过失，抑制骄奢。在《颜氏家训》中，颜之推列举了很多种礼节，如日常起居问候之礼、迎宾送客之礼、丧葬之礼、祭祀之礼等，并以此来规范子孙的言行，传承颜氏知书达礼、以礼传家的家风。

颜之推的中庸之道不是委曲求全，更不是苟且偷生。颜之推希望子孙全身保性，得终天年，又告诫子孙："夫生不可不惜，不可苟惜。涉险畏之途，干祸难之事，贪欲以伤生，逸豫而致死，此君子之所惜哉；行诚孝而见贼，履仁义而得罪，丧身以全家，泯躯而济国，君子不咎也。"既不可以不爱惜生命，也不可以不当惜而惜。在《颜氏家训》中，颜之推追求的是一种正义、正道，是为国家杀身成仁、为民族舍生取义的气节。他把这种为国尽忠、为天下人尽义的精神融入对子孙的教育中，表现出非凡的见识和高尚的气节。所以，自唐朝直至明清，颜氏家族涌现出诸如颜杲卿、颜真卿、颜胤绍这样的忠臣义士。

### 5. 治学方面：勤奋刻苦，务要博学于文、相互切磋

重视学习是颜之推思想的特色之一。颜之推通过广泛学习，成为一位博学、有思想的学者。他不仅对各类典籍中的诸多字义、字音、字形做了校注，而且在文字、训诂、音韵、校勘等方面都有深厚的造诣。范文澜认为，颜之推是当时南北两朝最通博、最有思想的学者，历经南北两朝，深知南北政治、俗尚的弊病，洞悉南学北学的短长。

颜之推在《颜氏家训》中告诫子孙说，学习首先是一种谋生的手段。他说若能熟读几百卷书，至少永远不会沦为低贱的人。齐梁士族子弟往往把衣服熏香，修刮干净脸面，涂脂抹粉，乘长檐车，穿高齿木屐，进进出出，舒缓悠闲，犹如神仙一般。求取功名时就找人替考，参加三公九卿的宴会就请人代为作诗。然而战乱之后，改朝换代，这些贵族子弟一无是处，想跻身于上层社会却毫无本事。他们穿着粗布衣服，没有了华丽的外表，露出了本来的面目，呆头呆脑像枯木，在乱军中颠沛流离，暴尸荒野。那些有学问的人就能随遇而安，至少可以去给人当老师。颜之推进一步借用时谚"积财千万，不如薄伎在身"，说明掌握一门技艺特别是读书为学的可贵，"伎之易习而可贵者，无过读书也"。有学问的人上知天地之机，下知社会人事，故而多能在社会变迁中立于不败之地。

颜之推强调要把握学习时机，贵在"早教"，主张"教妇初来，教儿婴孩"，勿失其机，并举出自己七岁背诵《灵光殿赋》的事例来说明幼时学习的重要性。他认为"上智不教而成，下愚虽教无益"，然而大部分人是"中庸之人"，需要不断学习。他说，自古以来，贤明的君王尚且不忘勤奋学习，何况平民百姓呢！颜之推举出前人勤奋好学的例子（如苏秦用锥子刺腿以驱赶睡意，文党投斧挂树奋然前往长安求学，孙康映雪苦读，车武子收集萤火虫以照明读书，兒宽、常林锄地时也常带着经书，路温舒牧羊的时候摘蒲草截成小简写字）来激励后人勤奋向学。颜之推主张终身学习，说："幼而学者，如日出之光；老而学者，如秉烛夜行，犹贤乎瞑目而无见者也。"他举出曾子、荀卿、公孙弘、朱云、皇甫谧学习未早却终成硕儒的事例，鼓励人们坚持终身学习。颜之推认为读书可以开心明目，以利于行，有利于让不知养亲的孝顺父母、让不知事君的忠于职守、让骄横奢侈的恭俭节用、让鄙陋吝啬的重义轻财、让凶悍残暴的小心恭谨、让胆小懦弱的刚毅正直。他同时注意到很多读书人只知空谈，缺乏实践的本领，故在《颜氏家训·勉学》中强调学习贵在应用。他认为，人生在世，应当从事一个职业，农民、商人、工匠、艺人、武士、文人都要学以致用，不可空空相对、玄而无用。如果不花几年功夫刻苦学习，就要一生遭受羞辱。即使以这些普通人为榜样，广泛学习，也会对将来有所帮助。

关于学习的方法，颜之推认为学习首先贵在虚心求教、取长补短。他引用《尚书》中的"好问则裕"和《礼记》中的"独学而无友"，来说明勤学好问、相互切磋的重要性。个人的知识和见闻毕竟有限，要共同切磋以互相启发，要注意广泛交流，这样才能不断进步。其次，学习贵在专精。"多为少善，不如执一；鼫鼠五能，不成伎术。"颜之推举例说，有两个天资聪颖的人喜欢广泛涉猎，但没有一样技能专精：经学经不起别人提问，史学不能与人讨论，文章不值得编成文集流传于世，书法不能让人驻足观赏，占卜六次只能占准三次，给十个病人看病只能治愈五个，天文、绘画、棋艺、鲜卑语、胡人文字、煎胡桃油、炼锡成银，诸如此类的技艺，也略微知道，但都不精通熟悉。只有舍弃其他爱好，专心于一种技艺，才能达到精通的程度。

总之，《颜氏家训》体现了颜之推以儒家伦理观念为主的思想主旨。颜之推训诫子孙要"务先王之道，绍家世之业"，在修身方面，要慕贤修身，力求自我反省、德艺周厚；在治家方面，要孝悌治家，务求宽严相济、节俭有度；在为政方面，要忠君爱国，务求坚守正道、推崇德行；在处世方面，要务实中庸，力求以礼为度、知足而止；在治学方面，要勤奋刻苦，务要博学于文、相互切磋。虽然颜之推的思想基本上属于儒家范畴，但颜之推也受到佛教、道教的影响。他尊崇儒家，但不排斥佛、道，特别是对佛教有着深厚的同情和虔敬之心。他以儒解佛，以儒家的"五常"解释佛家的"五禁"，认为儒佛相通，儒外佛内，自为一体。颜之推的《颜氏家训》对后世家训产生了重要影响。《温公家范》《袁氏世范》《双节堂庸训》等大都受到《颜氏家训》的影响。

## 三、唐代忠烈传家、书香继世的琅邪颜氏家族

颜子二十四代孙颜盛在三国魏文帝黄初年间任徐州刺史时，其家族迁琅邪（今山东临沂），成为琅邪望族。其后，颜盛曾孙颜含率颜氏族众随司马睿南渡建邺。颜子三十五代孙颜之推应北周武帝之召，举家西迁长安，在隋唐两朝形成京兆长安颜氏名门巨族。隋末李渊起兵，颜之推长子颜思鲁率子弟迎李渊于同州朝邑长春宫。唐武德元年（618），颜思鲁任秦王府记室、参军事，其四子——颜师古、颜相时、颜勤礼、颜育德皆任显官，其后世子孙多为唐朝重臣，尤其是在安史之乱时，颜氏家族涌现出众多忠臣义士，颜杲卿与颜真卿就是其中最杰出的两位。

颜杲卿（692—756），字昕元，京兆万年（今陕西西安）人，祖籍琅

邪，唐朝中期名臣、秘书监颜师古五世从孙、濠州刺史颜元孙之子。颜杲卿初任范阳户曹参军，假常山太守，曾是安禄山的部下。安史之乱时，与其子颜季明守常山，设计杀安禄山部将李钦凑，擒其部将高邈、何千年，河北

图 8-5　山东临沂五贤祠"大名永垂"殿
（牛嗣修提供）

十七郡响应，皆归朝廷，因此受到唐玄宗的嘉许。天宝十五年（756），安禄山派史思明、蔡希德率叛军猛攻常山。颜杲卿率常山军民昼夜苦战，直到粮尽矢绝。颜杲卿的儿子颜季明、外甥卢逖死难，颜氏一门有30余人死于刀斧之下。颜杲卿被押到洛阳，瞋目怒斥安禄山，最终被活活肢解而死，以身殉国，时年65岁。乾元元年（758），获赠太子太保，谥号"忠节"。建中三年（782），加赠司徒。《唐文拾遗》录其文一篇。

颜真卿（709—784），字清臣，号应方，京兆万年人，祖籍琅邪。颜氏家族世以儒雅为业，诗礼传家，以训诂、书法见长。其五世祖为北齐黄门侍郎颜之推，有《颜氏家训》传世。其父颜惟贞早逝，颜真卿随母寄居在舅舅殷氏家，自幼刻苦读书，博学多才。开元二十二年（734），颜真卿登进士第，历任监察御史、殿中侍御史。后因得罪权臣杨国忠，被贬为平原太守，世称"颜平原"。安史之乱时，颜真卿固守平原城，与堂兄颜杲卿互成犄角之势，共同率部迎击叛军，有效地牵制了安禄山叛军。唐肃宗时，授刑部尚书兼御史大夫。唐代宗时，任吏部尚书、太子太师，封鲁郡公，人称"颜鲁公"。兴元元年（784），颜真卿被派去说服叛将李希烈。次年被缢杀，享年77岁。他遇害后，嗣曹王李皋及三军将士皆为之痛哭，被朝廷追赠司徒，谥

号"文忠"。他著有《庐陵集》《临川集》《吴兴集》《韵海镜源》《礼仪集》等，均佚。宋人辑有《颜鲁公集》。

颜氏家族书香继世，尤擅书法。颜真卿曾祖颜勤礼精研训诂，工于篆籀；其祖父颜昭甫工书，擅长

图 8-6 临沂五贤祠内颜杲卿（右）、颜真卿（左）塑像（牛嗣修提供）

篆、隶、草书，对金文、籀文有很深的研究；其伯父颜元孙擅长书法，以草、隶书闻名。颜真卿幼孤，受其伯父教诲，在书法方面受其影响最大。颜真卿的书法造诣极高。其代表作品有《颜勤礼碑》《祭侄文稿》等。颜真卿的书法初学褚遂良，后又得笔法于张旭。颜真卿曾与怀素一起探讨书法。他对"二王"、褚遂良等人的书法都进行了深入研究，吸取其长处，彻底摆脱了初唐的风范，创造了具有时代特色的盛唐书风。颜真卿的楷书雄秀端庄，大气磅礴，方中见圆，重心稳健，用笔浑厚，善用中锋笔法，饶有筋骨。颜真卿与柳公权并称"颜柳"，颜真卿的书体被称为"颜体"，有"颜筋柳骨"之誉。颜真卿的行草书遒劲有力，真情流露，结构沉着，点画飞扬，在王派之后为行草书别开生面。颜真卿的书风体现了盛唐的繁荣，并与其高尚的人格相契合。

## 1.《颜勤礼碑》

全称《唐故秘书省著作郎夔州都督府长史上护军颜君神道碑》，是颜真卿71岁时所写，是他晚年的楷书代表作。此碑立于唐大历十四年（779），主要记述了颜真卿曾祖勤礼公的生平事迹，1922年10月在陕西西安出土，现存于西安碑林博物馆。《颜勤礼碑》四面刻字，现存三面，碑阳19行，碑

阴 20 行，每行 38 字；碑侧有 5 行，每行 37 字。碑文追述了颜氏祖辈功德，并记述了后世子孙在唐朝的功绩。

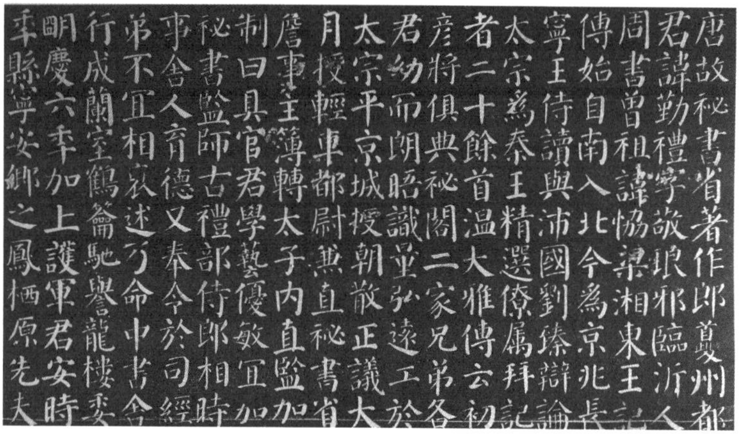

图 8-7 《颜勤礼碑》部分拓片

《颜勤礼碑》雄伟端庄，圆浑厚重，气势磅礴，笔迹苍劲有力，字体方严齐整，是颜体楷书艺术中最具有代表性的作品。其用笔沉着健劲，横细竖粗，藏头护尾，方圆并用；结体端庄方正，宽绰舒展，雍容大度，拙中见巧；气势浑厚雄强，生机勃勃，神采奕奕，代表了盛唐的审美风尚。《颜勤礼碑》的点、横、捺、折都富有特色。点画非常浑厚、饱满，犹如坠石，灵动自然。横画线条挺拔有力，极尽舒展，有些长横给人一线孤悬、力挑千钧之感。与横画相比，竖画则极为厚重、遒劲，仿佛千年松柏独入云间。捺画入笔稍轻，逆入后调笔翻转，顺势下行，波尾重按后骤然提笔出锋，一波三折，力透纸背。转折处形态丰富，将粗与细、方与圆、高与低、曲与直、欹与正巧妙地统一起来，使每一处点画都透露出朝气蓬勃的生命气息。《颜勤礼碑》方圆兼备、以圆为主的运笔方法和笔画形态，集中体现了一种含蓄之美，符合中国传统的"含而不露"的审美理想。

## 2.《祭侄文稿》

又称《祭侄稿》，全名为《祭侄赠赞善大夫季明文》，是颜真卿于唐乾元元年（758）创作的行书作品，现藏于台北"故宫博物院"。《祭侄文稿》是颜真卿为纪念其侄颜季明而写的祭文草稿，端庄威严，正气凛然，茂密厚实，充分体现了颜体行书的特点。这篇文稿记述了颜杲卿、颜季明父子在安禄山叛乱时，挺身而出，坚决抵抗，最终兵败被杀、英勇不屈、取义成仁的历史事件。事后，颜真卿派人寻找堂兄颜杲卿和侄子颜季明的尸骨，没有找到颜杲卿的尸骨，只找回颜季明的首级。颜真卿获悉有关情况后，老泪纵横，再也无法抑制心中的悲愤之情，挥毫泼墨，把对国家命运的担忧、对叛敌的仇恨、对亲人的怀念倾注于笔端，挥就了这篇被誉为"天下第二行书"的文稿。

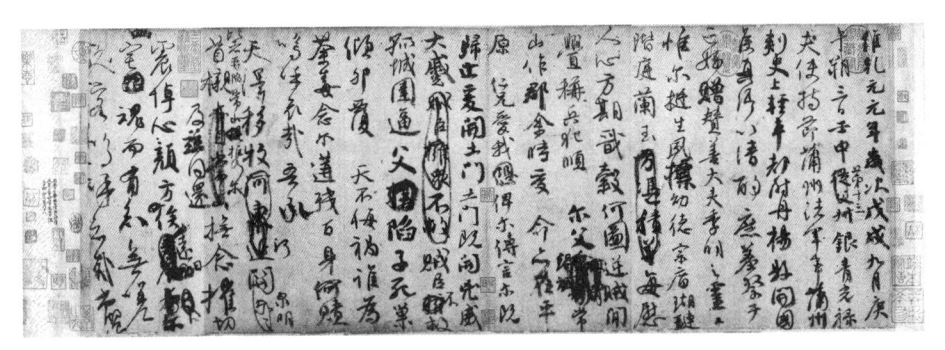

图 8-8 《祭侄文稿》（台北"故宫博物院"藏）

《祭侄文稿》共23行，凡234字。通篇用笔情如潮涌，气势磅礴，纵笔豪放，一气呵成，是书法美与人格美完美结合的典范。此稿展现了圆转遒劲的篆籀笔法，厚重处浑朴苍穆，如黄钟大吕；细劲处筋骨凝练，如苍鹰突坠；转折处或化繁为简，隽永自然，或杀笔狠重，戛然而止；连绵处笔圆意赅，痛快淋漓，似大河直下，一泻千里。此稿章法一反"二王"修长隽丽、秀逸妩媚的风格，变为宽绰、自然疏朗的结体，点画外拓，弧形相向，顾盼呼应，形散而神敛。其运笔结字随情而变，不计工拙，圈点涂改随处可见，愈发可以强烈地感受到颜真卿炙热忠贞的情感和刚烈耿直的性格。行笔时疾时徐，欲行复止，字与字上牵下连，似断还连，或萦带娴熟，或断笔狠重；或细筋盘行，或铺毫直下，可谓跌宕多姿，奇趣横生。集结处不拥挤，疏朗处不空乏，可谓疏可走马，密不透风。行与行之间厚重茂密，左冲右突，欹正相生，或纽结粘连，或戛然而断，一任真性挥洒。尤为精彩的是末尾几行,由行变草,迅疾奔放,一泻而下,大有江河决堤的磅礴气势。至第十八行"呜呼哀哉",连绵而出,昭示悲痛之情已达极点。从第十九行至篇末,感情再掀风暴,其愤难抑,其情难诉。写到"首榇"两字时,前后左右写了又改,改了又写,仿佛置身于情感漩涡,长歌当哭,泣血哀恸。一直至末行"呜呼哀哉尚飨",令人触目惊心,撼魂震魄。文稿通篇波澜起伏,时而沉郁痛楚,声泪俱下;时而低回掩抑,痛彻心肝,堪称动人心魄的悲愤之作。

颜真卿在中国书法史上以"颜体"缔造了一个瑰丽雄奇的艺术境界。他的书法如同盘钢刻玉一样丰伟遒劲,既有自然的雄奇瑰丽,又有人生的坚韧豪放。欧阳修称赞他说:"颜公书如忠臣烈士、道德君子,其端严尊重,人初见而畏之,然愈久而愈可爱也。""斯人忠义出于天性,故其字画刚劲独立,不袭前迹,挺然奇伟,有似其为人。"

颜真卿幼时习字以黄土饰墙、木石为笔,画而习之,年轻时就志在"齐于古人"。其学习书法的梦想伴随着他长达三四十年的青年、壮年岁月。其书法艺术如同鲲鹏展翅,扶摇直上。后又经过数十年的人生历练、充实提升,"颜体"方入炉火纯青、出神入化之境界。颜真卿汲取众家之长,历经千锤百炼、人生坎坷,终于使自己的书法巍然屹立于书坛。正如历史学家范文澜所说,初唐的欧、虞、褚、薛只是"二王"书体的继承人,盛唐的颜真卿才是唐朝新书体的创造者。

## 四、明代平民儒学家颜钧的"大中学庸"哲学

"大中学庸"哲学是颜钧的平民儒学,不重在教人如何"做官""治世",重在教人如何"做人""救世"。他把"大学中庸"四字看作儒学的根本精神,而不仅仅是《礼记》之篇名,故也可读作"大中学庸"。其理论以"大中"为本体,以"学庸"为本体的展现,其所讲多为儒学通俗义理,特

别是以《大学》《中庸》为纲领融会贯通《论语》《孟子》《周易》之义理。

颜钧（1504—1596），字子和，号山农，又号耕樵，晚年因避明神宗朱翊钧讳，改名铎，江西吉安府永新县（今江西永新）人。父名应时，为江南常熟训导，家中兄弟五人，颜钧排行第四，除仲兄颜钥中举得官外，其余都是布衣儒者。颜钥，字子启，号钟溪，嘉靖甲午举人，历任山东茌平教谕、新城知县，后改湖北枝江知县，是北方王学的传人之一，也是颜钧青年时代的引路人。颜钧上承王艮，下启何心隐、罗汝芳，为泰州学派著名人物。黄宗羲《明儒学案》称："泰州（注：王艮）之后，其人多能以赤手搏龙蛇，传至颜山农、何心隐一派，遂复非名教之所能羁络矣。"黄宗羲充分肯定了颜钧在泰州学派中的地位和作用。

颜钧13岁随父在常熟读书，生性不喜学科举课程。17岁时，父亲病故，长兄颜钦又被人诬告，陷粮役三年，家道从此中落。颜钧因家贫不能继续读书，遂返乡奉养寡母，一度苦闷不已。25岁时，经仲兄颜钥的引导，开始接触王阳明的《传习录》并为之倾倒，从此思想大变，决意践行王阳明的"致良知"理论。他闭关静坐七日，自觉心性洞开，于是在家乡组织"三都萃和会"，宣讲儒学要义。28岁时，颜钧服母丧期满，辞家出游，遍访吉安府内王阳明弟子，未遇一志同道合之人。33岁时，颜钧再度出访，在北京得遇时任礼部侍郎的贵溪徐樾。颜钧从之学习，三年后由徐樾引荐，赴泰州王艮门下受传"大成学"。

明嘉靖十九年（1540）秋，颜钧返回江西南昌，在南昌同仁祠张贴《急救心火榜文》以拯救"人心"。其主要内容是"六急""六救"：一是急救人心陷牿，生平不知存心养性，如百工技艺，如火益热，竞自相尚；二是急救人心奔驰，老死不知葆真完神，而千层嗜欲，若火始燃，尽力恣好；三是急救人有亲长也，而火炉妻子，薄若秋云；四是急救人有君臣也，而烈焰刑法，缓民欲恶；五是急救人有朋友也，而党同伐异，灭息信义；六是急救世有游民也，而诡行荒业，销铄形质。颜钧的榜文贴出后，一些落榜举子登门求救。其在群众中的影响逐渐扩大，听讲者达1500人之多。其中最笃信者为南城人罗汝芳，他在落第后即拜颜钧为师，后成为颜钧门下最有名的弟子之一。

嘉靖二十年（1541），王艮去世，颜钧悲痛万分，决定去王艮心斋祠拜祭，守墓三年。守墓结束后，颜钧继续在王艮的家乡讲学，以安丰场为中心，在泰州、如皋、江都、扬州等地讲学。嘉靖二十三年（1544）秋九月，招徕信从者谭纶、陈大宾、王之诰、邹应龙等47人，放棹至江苏泰州安丰场王艮祠，聚会讲学半月，听讲者几百千众。如此流连逾三年，嘉靖二十六年（1547），颜钧从泰州返回江西，过南城与罗汝芳会面，又与吴悌、刘文敏会讲于新城、金溪，主要讲性命之说，由是名声大震。嘉靖三十一年（1552），当听到老师即时任云南布政使的徐樾战死的消息后，他孤身前往云南，辗转数年，终于寻得徐樾的碎骸，归而祔葬于安丰场王艮的墓侧。

嘉靖三十五年（1556），游京师，阁臣徐阶邀他在灵济宫主会来京觐见皇帝的官员350人，讲学三日；又邀他与会试举人700人讲学三日。两次讲学均轰动京城。三公以下，望风请业。颜钧机辩响疾，问难四起，出片语立解，往往于眉睫间得之。

颜钧虽然以研究宣传自己的"大中学"、救治人心为主，但对具体的社会问题也十分关心。嘉靖三十六年（1557），颜钧以"知兵法"的"异人"身份受到总督胡宗宪的礼聘，与程学颜同往宁波总督府，参与"征剿海寇"的军事活动。舟山一战，倒溺千百倭寇于海，受到表彰。嘉靖三十七年（1558），他留下次子参军，自己继续在大江南北讲学。

颜钧十分关心民众疾苦，上书抨击时弊，提出自己的救世良方。他把民生凋敝的原因指向了当权者，为明朝当局所不容，并因此招致当权者的迫害。嘉靖四十五年（1566），他被诱往太平（今安徽马鞍山）讲学，旋遭逮捕，解往南京，在狱中受尽折磨。后因查无实据，被强加"盗卖官船"的罪名，罚交"赃银"350两。隆庆三年（1569）三月，弟子罗汝芳全力营救，朝夕伺候并变卖家产，同时发起募捐，在如数缴纳银两后才使颜钧出狱、发边充戍。是年三月，抵广西，入戍七日，两广总兵俞大猷发牌文敬聘他为军师。八月，俞大猷与海寇曾一本战于海上，用颜钧计擒之。颜钧所献之策，着着皆奇。

## 第八章　颜子对后世的影响

隆庆五年（1571）五月，颜钧被遣送回家，免除"罪人"身份。年近七旬的颜钧此后多半在家从事著述。万历二十四年（1596），颜钧逝于永新家中，享年93岁。

综观颜钧的一生，其救世之志甚笃，救治之心甚急，一生栖栖遑遑，以一介布衣耸动当世。其人有侠士之风，好急人之难，行动果决而坚定。颜钧在从师徐樾、王艮期间，既加深了对王阳明学说的理解，又深受王艮学说的影响，加之游历四方、博闻广识，思想愈加深刻、成熟。王艮将儒学理论简易化、平民化，认为"圣人经世只是家常事""愚夫愚妇与知能行便是道"。颜钧继承了这一思想，并从自身和平民的现实生活去推解儒学，将王艮的"大成学"衍化为自己的"大中学庸"之学。"大中学庸"体现了儒学的精神命脉，所以被颜钧称为"仁神正学"，这是他独特的宇宙观和人生哲学理论。颜钧之学庞杂，但大都可融入四书学的基本义理之中。他试图以道德上的自我完善来拯救人心、挽回颓败的世风，通过宣扬儒学通俗理论化民成俗来报效国家，从而构建"君仁臣义民安堵，雉兔乌茏去复来"的理想社会。

颜钧的"大中学庸"宣传"急救人心"的道德救世思想。颜钧"大中学庸"思想的本质特征是人民性。他认为人的本性是自然的，人应率性而行，纯任自然。他深深同情受苦受难的人民，大胆揭露统治阶级对人民的剥削和压迫，反对程朱理学，对君主专制政体和封建礼制也颇有微词。其叛逆思想和战斗性格在当时的社会制度下是难能可贵的，其历史光辉是永恒的。

颜钧的著作原本很多，可惜大多不行于世，加之遭明末兵燹，散佚很多，故后人难以窥其全貌。嘉庆初年，在颜钧遗稿湮没200多年后，其裔孙颜特璋搜集誊抄其遗稿，编辑成书，但亦未能付梓。咸丰六年（1856），永新颜氏后裔颜镇赢与颜学渊搜集的尹继美编校的九卷本《颜山农先生遗集》，在众乡邻的资助下，作为家族刻本问世。这是颜钧著作的唯一刻本，保存了极为珍贵的历史资料。1996年，经中国社会科学院历史研究所黄宣民先生精心整理点校、系统编写年谱的《颜钧集》，由中国社会科学出版社正式出版。

## 五、清代思想巨擘颜元匡世济民的实学理论

颜元（1635—1704），字易直，又字浑然，号习斋，博野县（今河北博野）北杨村人，清初著名思想家、教育家，颜李学派的创始人。因倡导习行学说，其书屋名曰"习斋"，故被世人尊称为"习斋先生"。其高足李塨字刚主，号恕谷，二人创立的学派被后人称为"颜李学派"。颜元的主要著述有《四存编》《四书正误》《朱子语类评》《习斋记馀》等。

颜元因家境贫寒，幼年时养于蠡县刘村朱九祚家，改姓朱，名邦良。生父名颜昶，以兵役赴关东，自此音讯断绝。颜元少年时从学于吴洞云。洞云先生除对传统的经、史、子、集有较深的研究外，还擅长骑射、技击、剑戟，又感慨明季国事日非，曾著有关攻战守事宜之书，同时长于医术和术数。这使颜元从小时起便受到与众不同的教育。颜元十四五岁时，又看寇氏丹法，学运气术，娶妻不近，欲学仙。19岁时，又从贾端惠先生学。因端惠先生禁止受业弟子结社酬歌、私通馈遗，颜元严守其教，力改前非，革除陋习。颜元从10岁起，还学习八股时文，攻取科举功名。养祖父朱九祚曾想为他贿买一秀才头衔，颜元哭泣不食，说："宁为真白丁，不作假秀才！"结果，经努力自己考中秀才。

明末，颜元的养祖父朱九祚在地方任武职。清初，朱九祚因事被人控告，一度出逃在外，亦使颜元被传讯。讼案完结，朱家家道中落。颜元为谋生计，开始学医，并开始尝试耕田灌园，负担起全家的生活日用，同时开设私塾，教育子弟。21岁时，阅《资治通鉴》，废寝忘食，于是以博古今、晓兴废、辨邪正为己任，并决心废弃举业。23岁时，又见七家兵书，便学兵法，究战守事宜，尝彻夜不眠，练习技击之术。这个时期，颜元还深喜陆九

渊和王阳明的学说，以为圣人之道在是，曾亲手摘抄要语一册，反复体味。25岁时，得《性理大全》，深深地为周、张、程、朱等人的学说所折服，从此毅然以程朱之道自任。他在劳作之余冥思静坐，被乡人视为异端也毫不介意。虽然颜元屡遭不幸，但始终以匡时济世为己任。他目睹明季政治腐败，世风日下，士兵羸弱，民生凋敝，极为痛切。因此，他在24岁时便著《存治编》，阐述了他的政治理想。他认为要开万世之太平，必须恢复"唐虞三代"的政治，"井田、封建、学校，皆斟酌复之，则无一民一物之不得其所，是之谓王道"。康熙七年（1668），养祖母刘氏病逝后，他哀痛至极，三日不食，朝夕祭奠，血泪俱下。刘氏死后，因养父朱晃挑唆朱翁驱逐颜元，颜元只得移居随东村安身。康熙十二年（1673），朱翁卒，颜元便回博野县北杨村，归宗颜姓，时年39岁。

颜元归宗后，日常仍从事农田耕作。有一次客人来访，见他正在扬场，感到十分奇怪。颜元却说："君子之处世也，甘恶衣粗食，甘艰苦劳动，斯可以无失已矣！"这时，颜元及门弟子日众。李塨便是于康熙十八年（1679）开始来问学的。对于新从游者，颜元必先向其申明自定教条。其要点是：孝父母、敬尊长、主忠信、申别义、禁邪僻、慎威仪、重诗书、敬字纸、习书、作文、习六艺、序出入、尚和睦、贵责善、戒旷学，等等。特别是对六艺，尤为强调。每逢一、六日课数，三、八日习礼，四、九日歌诗、习乐，五、十日习射。他兢兢业业，以阐扬儒家学说中的实用实行思想为己任，尝云："天废吾道也，又何虑焉？天而不废吾道也，人材未集，经术未具，是吾忧也。"因吟诗道："肩担宝剑倚崆峒，翘首昂昂问太空。天挺英豪中用否，将来何计谢苍生。"

颜元50岁时，决心出关寻父，只身赴关外，寻找父亲的下落。在沈阳韩英屯寻找到父亲的坟茔后，他亲自驾车奉先父牌位回博野。康熙三十年（1691），他告别亲友，南游中州，行程2000余里，拜访河南诸儒。他结交士人，出示所著《存性》《存学》《唤迷途》等，宣传自己的思想主张，率直地抨击理学家空谈心性、以著述讲读为务、不问实学实习的倾向。他寓居开封时，曾与名士张天章研讨学术，因此问学者日众。他曾访商水大侠李木天，与言经济。李木天见颜元佩一短刀，便离座为他演诸家拳法。颜元笑曰："如此可与君一试。"两人遂折竹为刀，对舞不数合，颜元击中李木天手腕。李木天大惊曰："技至此乎！"李木天倒身下拜，并让儿子跟从他游学。

颜元62岁时，肥乡郝公函（字文灿）三次礼聘，请他前往主持漳南书院。颜元到肥乡后，准备很好地施展自己的抱负，亲自拟定各种规章，构想书院规划。可惜数月后，该地大雨成灾，漳水泛滥，致使书院堂舍悉被淹没，他只好告辞返回故里。康熙四十三年（1704）九月初二日，颜元病故。颜元死后葬于博野北杨村，门人私谥其为"文孝先生"。

颜元在思想史上的贡献主要有以下四点：

第一，颜元极力批判自汉以来重文轻实的教育传统，尤其是宋明理学教育。他认为尧、舜、周、孔之学就是实学教育的代表，如孔子之实学注重考习实际活动，其弟子或习礼，或鼓瑟，或学舞，或问仁孝，或谈商兵政事，于己于世皆有益，而宋儒理学教育却相反，主静主敬，手持书本闭目呆坐，有如泥塑，在讲堂上侧重于讲解、静坐、读书或顿悟。他认为其害有三：一是"坏人才"，不仅害己，而且害国；二是"灭儒道"，丢弃了尧、舜、周、孔的实学精神，为害巨大；三是"厄世运"，败坏了学术与社会风气，造成了极大的危害，社会道德、经济的衰败和人才的衰竭皆与此有关。所以他主张以实学代理学。颜元深刻揭露了八股取士制度对学校教育的危害，对八股取士制度进行了猛烈抨击。

第二，颜元认为学校教育是培养人才的正当途径，而那种传统的科举制度以八股文取士，是用八股文代替实学，不仅不能选拔真才，反而会贻误人才、使学者误入歧途。颜元十分重视人才在国家治理中的重要作用，指出"人才者，政事之本也"，"无人才则无政事，无政事则无治平、无民命"。他把人才视为治国安民的根本。因此，他在"九字安天下"的方针中，把"举人才"列为首位。颜元不仅重视人才，而且进一步指出人才主要依靠学校教育培养，突出了学校教育的重要地位。这对当前我们正确认识教育在中国特色社会主义事业中的战略地位不无意义。

第三，在教育内容上，颜元提出了"真学""实学"的主张，强调六艺之学，与程朱理学的教育针锋相对。颜元并非真要回到尧、舜、周、孔时代，而是托古改制，在提倡古圣昔贤"六艺"教育的旗帜下，宣扬自己的主张。晚年，他曾规划漳南书院，陈设六斋，并规定了各斋的具体教育内容。这是他提倡"真学""实学"主张的明确、有力说明。因此，颜元"真学""实学"的教育内容不仅同理学教育有着本质区别，而且无论是在广度上，还是在深度上，都大大超越了"六艺"教育。他提倡的教学内容除了经、史、礼、乐等传统儒学知识，还包括自然科技知识、军事知识和技能等。他还提倡实行分科设教。这在当时确实是别开生面的，已经蕴含着近代课程设置的萌芽，将中国古代关于教育内容的理论推进到一个崭新的发展阶段。这是颜元对中国古代教育理论的重要贡献，值得人们重视。

第四，颜元为匡世济民，倡导一种经世致用的新学风，主张抛弃死读经书，力图在习行上下功夫，不可只局限于语言文字。35岁时，他"觉思不如学，而学必以习"，便将家塾之名由"思古斋"改为"习斋"。颜元认为，要获得真正有用的知识，必须通过自己亲身的"习行"，注重实践，求诸客观的实际事物。因此，他所说的"习行"教学法就是强调在教学过程中要联系实际，注重练习和实践。惟有如此，学生学得的知识才是真正有用的，否则就是无用的。他在主持漳南书院时，规划开设文、理、兵、农、天文、地理、水、火、工、虞诸学。这颇类似于今天的综合性学校教育。颜元还坚持身体力行，身为教育家，以"习斋"自励，在62岁主持漳南书院时，仍教弟子歌舞、举石习力，足见其倡导实学热情之高。颜元强调习行教育，强调接触实际，重视练习，强调从实践中获得知识，一反脱离实际的、注入式的、教条的教学方法。从教学法理论和教学实践上来说，这是一次重大革新。在当时以读书为穷理功夫、以讲说著述为穷理事业、脱离实际的"文墨世界"中，这无疑是一股清新之风，令人耳目一新，具有进步意义。

颜元重视劳动教育，尤其重视农业知识的传授，注重劳动在培育人才中的作用，这是颜元教育思想的又一个重要特点。颜元长期生活在农村，经常参加农业生产劳动，后来虽从事教育和学术研究活动，但从未脱离劳动。像他这样一生不脱离农业生产劳动的教育家，在中国古代教育史上是不多见的。正因为他自己一生长期参加农业生产劳动，所以对劳动有着深刻清楚的认识。他不仅认为人人应该劳动，而且重视对学生进行劳动教育。他认为劳动不仅有利于经济发展和国家强盛，而且具有重要的教育作用。首先，劳动具有德育的意义。它不仅能使人"正心""修身"、去除邪念，还能使人勤劳，克服怠惰、疲沓的缺点。其次，劳动还具有体育的意义，有利于增强体魄，是重要的修身养性之道。

梁启超曾评价颜元："对于二千年来思想界，为极猛烈极诚挚的大革命运动。"钱穆曾评价颜元，"以言夫近三百年学术思想之大师，习斋要为巨擘矣。岂仅于三百年！上之为宋、元、明，其言心性义理，习斋既一壁推倒；下之为有清一代，其言训诂考据，习斋亦一壁推倒。'开二千年不能开之口，下二千年不敢下之笔'，遥遥斯世，'前不见古人，后不见来者，念天地之悠悠，独怆然而涕下'，可以为习斋咏矣"，高度赞扬了颜元在思想史上做出的巨大贡献。

## 六、清代初期"颜氏一母三进士"的文学成就

自复圣颜子之后，颜氏后人秉承先祖遗训，重儒笃学，忠孝传家，贤才辈出。清朝顺治至乾隆的100余年间，以"颜氏一母三进士（即颜光猷、颜光敏、颜光敩）"为代表的曲阜颜氏家族成员纷纷著书立说，文脉绵延不绝，为后人留下了一笔宝贵的文化财富。

"三进士"出生于忠烈之家，其祖父颜胤绍为明朝死难。颜胤绍，字永胤，号庚明，为复圣颜子六十五代孙，属颜氏十六户中的龙湾户。明崇祯四

年（1631）中进士，为官清正刚烈。初任凤阳知县，迁真定同知，擢河间知府。崇祯十五年（1642）清兵南下时，临危受命任河间知府，率众守城，但城终被攻破。颜胤绍见败局已定，于是束衣整冠，北向再拜，让家人集中于一间房内，阖家自焚，英勇殉职，有常山鲁公之风，乡谥"忠烈公"。虽然他没留下著作，但其忠烈义举和刚正不阿的精神无疑是留给后人的宝贵精神财富。"三进士"就出生在这样一个忠烈家庭中。

"三进士"的父亲颜伯璟，字士莹，明廪生，身材魁梧，生性和善，明末与二弟颜伯玠居于兖州。由于兵荒马乱，道路阻隔，父亲殉国的噩耗还未传来，清兵就一路南下，横扫中原。不久，兖州城陷落。颜伯璟乘兵溃混乱之时，与弟弟颜伯玠相携逃命。颜伯璟因体形胖，行动不便，担心这样下去，兄弟两人都会丧命，于是，他对弟弟说："父亲在河间生死未卜，你先快跑，你活着为父亲请安！"颜伯玠痛哭不已。颜伯璟奋力从城墙上跃下，左腿摔伤，被清兵抓获，押送至主帅处，而颜伯玠不幸中箭而亡。入清后，颜伯璟绝意仕途，以赡养寡母和抚育子弟为己任，乡谥"孝靖先生"。"三进士"的母亲为明宗室镇国中尉之女朱淑人，在兖州沦陷逃亡时与家人失散，被野蛮的清兵砍伤，昏倒于街头，被颜伯璟寻到时已是第四天了，好在尚有一丝微弱气息，连忙医治，终于死里逃生。颜伯璟经过千辛万苦，辗转来到河间，终于找到父亲的遗骸及流落民间的三弟颜伯珣。移居曲阜龙湾庙村（今河口村）后，颜伯璟闲暇时以诗书自娱，著有诗集两卷。他有六个儿子，其中长子光猷、次子光敏、幼子光敩皆考中进士，因三人同为朱氏所生，故被誉为"颜氏一母三进士"，人称"三颜"。

图 8-9　龙湾河口村碑（颜峰提供）

图 8-10　泗河龙湾景色（颜峰提供）

颜光猷（1638—1710），字秩宗，号澹园，于康熙十二年（1673）考中进士，任《明史》纂修官，后又升刑部郎中，出任贵州安顺府知府。安顺地区土地荒芜，民俗粗陋，缺乏礼仪。光猷以德服众，五年未杀一人，使民心归顺、全郡大治，被百姓称为"颜菩萨"。当时，贵州提督李芳述管理将士无恩，对部下施以威力，致使将士不满，群起反抗。颜光猷单枪匹马直入其地，慷慨陈词，讲明利害，晓以大义，众皆惊服，投戈听命，避免了一场血腥杀戮。他在河东盐运使任上，关心民间疾苦，废除了不合时宜的陈规旧制，帮助盐商等民众解决困难。后以禄入之余修文宣王庙，备俎豆，教舞佾，建师生舍，择商学诸生之俊秀者安置其中，亲自授课。光猷见曲阜复圣庙凋敝，于是捐俸修葺，许多商人亦捐款资助。复圣庙因此修葺一新，在三面建坊，围以石栏，并置田460亩，以供祭祀之用。光猷后辞官归里，徜徉林圃间。光猷事母至孝，与人坦诚相见，见人必劝其用功读书，尝云："书不负人，随所得浅深，皆食其报。"其著作有《澹园文集》《易经说义》《水明楼诗》《水明楼制艺》《县志说》等。

颜光敏（1640—1686），字逊甫、修来，号乐圃，于康熙六年（1667）考取进士，曾任国史院中书舍人、礼部主事、会试同考官、吏部考功司郎中、《大清一统志》编修官等。光敏博览群书，交游广泛，雅善鼓琴，重视诗礼教化，书法擅名一时，工于诗，曾与尚书宋荦、侍郎田雯、国子祭酒曹禾等人结为"十子诗社"。颜光敏被推为诗坛盟主。十人被誉为"金坛十子"或"辇下十子"。光敏诗悲天悯人，贴近现实。其所作古体诗典雅深奥，有汉魏遗风；所作近体诗清新婉约，酷似唐人所作。在三兄弟中，光敏考取功名和入仕最早，文学成就也最高，有《乐圃集》传世。除此之外，他还撰有《颜氏家诫》《训蒙日纂》《修来文钞》《未信堂近稿》《颜氏家藏尺牍》，以及日记三种（《德园日历》《南游日历》《京师日历》）。

图 8-11　颜光敏像

图 8-12　《乐圃集》书影
（张旭丽提供）

颜光敩（1658—1698），字学山，生而奇警，仪观甚伟，喜读《春秋左传》《战国策》《庄子》《离骚》《史记》等。他年少即有文名，善于思考，读书专心致志，写的文章独树一帜。光敩于康熙二十三年（1684）中举。是年冬，康熙皇帝到曲阜阙里祭祀孔子时，光敩为助祭，按特恩规定，应当授予知县官位，但他辞不受官位。光敩于康熙戊辰（1688）中进士，入翰林院授检讨讲官、康熙起居注，充浙江正考官，主考浙江乡试。他选拔录取的多为博学能文的寒门士子，甚称皇帝之意。颜光敩由此名显，随后被任命为浙江学政。清代以翰林院编修检讨任学政之职始于颜光敩。颜光敩在浙江为官三载，待士人如严师慈父，故浙江士人皆拥赞他。光敩阅文批卷常至深夜，使浙江文风为之一振，人称"学山先生"。他侍母至孝，为官极廉，因此时人赠诗曰："每向高堂忧菽水，何尝太史不箪瓢。"他为官清廉，绝不枉顾人情，引起了权贵的不满，遭人诬陷，遂引疾归里。他离任时，行装极简，仅有书籍数箱。康熙皇帝知道光敩为官清廉，曾特命大学士王熙抵曲阜探望，传旨抚慰。次年即康熙三十七年三月卒，时年40岁。他著有《怀山遗稿》《学山近稿》等。

自"颜氏一母三进士"之后，颜氏后世子孙弘扬其家风，能诗善文者众多，其中著名的有颜肇维、颜小来、颜懋侨、颜懋伦、颜懋价、颜懋企、颜崇槩等。清朝道光年间曲阜学者孔宪彝在《曲阜诗钞·序》中说："颜氏澹园、修来、学山三先生皆有盛名，修来考功为国初十子之一，其子、女、孙曾席道风，能诗歌者十余人，可谓盛矣。""颜氏一母三进士"一身正气、两袖清风、诗礼传家的故事在曲阜被传为佳话，为曲阜的历史文化增添了绚丽的篇章。

## 七、清代中期颜伯焘祖孙三代的政德思想

广东连平颜氏本源自山东曲阜，复圣四十五代孙颜洎由江西迁至福建，为颜氏入闽始祖；颜洎传至颜慥，迁入龙溪青礁，为漳州教授，举办学堂，培育人才，子孙多人中进士；颜慥又传至颜旦，迁至龙岩缘岭河口村。连平颜氏即龙岩缘岭河口村复圣六十九代孙颜文厚的后裔。明万历崇祯七年（1634），七十三代孙颜振耀应连平第一任知州牟应寿之聘请，任其文案师爷。颜振耀认为连平新建州城地处粤北，山川俊秀，有发展前景，因此决定在此开基创业，成为连平颜氏的开基始祖。其后经过几代人的奋斗，连平颜氏家族秉承诗书传家的传统，以"荆树开花兄弟乐，书田无税子孙耕"为训，要求子孙后辈发愤读书。到了第五代，颜希圣、颜希深等人皆步入仕途。清朝中期，连平颜氏家族颜希深（1729—1780）、颜检（1756—1832）、颜伯焘（1788—1853）祖孙三代都是清朝重臣，祖父颜希深官至贵州巡抚、兵部侍郎；颜检累官至直隶总督，担任过河南、贵州、浙江、福建巡抚和漕运总督；颜伯焘累官至云贵、闽浙总督。

清乾隆二十三年（1758），颜希深在泰安知府任上时，在知府官署残壁上见到一则《官箴》碑刻，碑文曰："吏不畏吾严而畏吾廉，民不服吾能而服吾公，公则民不敢慢，廉则吏不敢欺，公生明，廉生威。"此《官箴》只有36个字，字字如金，句句警策，告诫人们为官要公正无私、清廉自持。颜希深读罢碑文，心有戚戚，若有所会，于是重刻此碑并作跋文，立于西厢房作为座右铭。颜希深在泰安知府任内，为方便泰安士子参加科举考试而建设考棚，为让更多的泰安子弟能够读书而筹办书院，严查漕运征税浮收之弊端，抵制行贿索贿，政声卓著。他调任山东督粮道后，即迎母亲何太夫人至

德州官署。时逢德州连日大雨，洪水成灾，粮食绝收，民众衣食无着，十几万人挈妇将雏争相攀登城楼，躲避水患。何太夫人闻知此情，命人开仓放粮，从速救济饥民。有署中人员以为仓库中的粮食为国家粮食储备，开仓放粮事

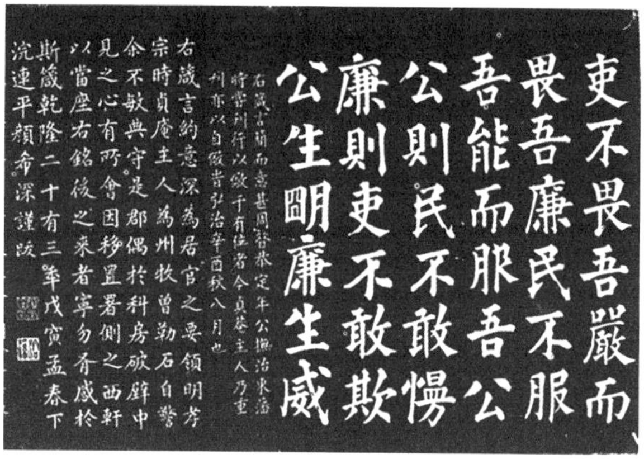

图8-13 颜希深跋《官箴碑》

非寻常，必须上奏得到批准方可，拒不开仓。何太夫人严辞训斥："此何时也！犹拘泥于常法乎？况德州距省会甚远，若经详奏核复，数十万灾民将尽成饿殍矣！……"于是她将自己的首饰尽行出卖易钱，作为赈灾费用，并督饬开仓，赈济百姓。德州百姓因此存活者众多。时任山东巡抚某公因素与颜希深不合，因而以何太夫人擅自开仓放粮事，上奏参劾。乾隆皇帝闻知此事，怒斥道："有如此贤母，拯救灾民，不知保荐，反上弹奏章，实不足示激励也！"不仅不予议处，反而赏赐何太夫人三品封衔，并擢升颜希深为贵州巡抚。颜希深明德尚法，政绩卓著，后因劳累过度卒于任所。

　　颜检在直隶总督任上秉公断案，宽严得体，受到皇帝的嘉许。嘉庆八年（1803）七月，永定河河水泛滥，颜检率人驻守工地防汛，齐心协力，使得河堤稳固，进而确保了一方百姓之平安。关于永定河的治理，颜检写有《直隶河道情形疏》，针对河道位置、结构、河水涨溢情况等做出分析，并提出疏通梗塞、裁弯取直的应对方案，对治理永定河起到了积极作用。嘉庆十九年（1814）七月，颜检出任山东盐运使，时任泰安知府的汪汝弼将数十本碑刻拓本寄送颜检，当年颜检又出任浙江巡抚。同年，颜伯焘参加殿试，中二甲进士，之后到杭州看望父亲。父亲颜检拿出碑刻拓本《官箴》给颜伯焘看，教导他说，这是正派官员的格言，也是我们颜家为官的祖训。颜伯焘郑重接过，仔细看后收藏起来。

嘉庆二十年（1815），颜检依照父亲颜希深给的石刻拓本，加长跋再刻石碑，镶嵌在巡抚住所大厅的墙壁上，作为自己的座右铭。颜检秉性仁慈，为人正派，体恤百姓。道光元年（1821），他上疏建议停止进贡荔枝树、素心兰，受到皇上的重视，于次年正月升任直隶总督。

道光二年（1822），颜伯焘出任陕西延榆绥道台，后历任陕西督粮道、按察使、甘肃布政使、直隶布政使、陕西巡抚等职。道光十七年（1837），升云南巡抚，兼署云贵总督。颜伯焘出任陕西延榆绥道台时，其父亲颜检又把杭州的石刻拓本赠给他，并语重心长地教导他说：要时常以箴词勉励自己，不可松懈。颜伯焘带着父亲赠予的箴词拓本和殷殷嘱托赴任。同事知道他有一本著名的箴词，竞相传阅。道光四年（1824）立秋，颜伯焘写了跋文，连同拓本一并送给长安知府张爱陶，请他重新刻碑。道光二十年（1840）

图 8-14　颜伯焘像

九月，颜伯焘继邓廷桢出任闽浙总督，面对英国侵略者的挑衅，他极力主战，反对琦善、杨芳的卖国投降政策，建议起用林则徐、裕谦等主战派，为抗击侵略者积极做准备。

颜伯焘作为闽浙地方行政长官，积极备战，采取的措施主要有：上书奏请，尽力筹措战争经费；积极招募兵勇；修筑炮台，修造战舰。在防御工事基本建成后，颜伯焘等主战派信心高涨，认为只要各将士同仇敌忾，必能打败侵略者。道光二十一年（1841）八月二十六日，英国侵华全权公使璞鼎查率领英舰30余艘，载大炮336门、士兵2500人悍然入侵厦门，肆意烧杀抢掠，奸淫妇女。颜伯焘急调兵士分三路迎击。第一路是对岸的屿仔尾，第二路为鼓浪屿，第三路由他亲自率领，自白头汛正面迎战。战斗相当激烈，清军"毁敌轮船一,兵艇五,敌遂聚攻炮台,总兵江继芸、游击凌志、都司张然、守备王世俊皆死之"。厦门陷落后,颜伯焘率部退守同安县,继续招募新兵、训练乡勇,屡扰英军。英军占领厦门后大肆劫掠,激起了厦门人民的抵抗,只好退去。颜伯焘坚决抗敌,率守军与英军浴血奋战,为维护民族尊严、抵御外敌入侵立下了不朽功勋。

颜氏三代历仕乾隆、嘉庆、道光、咸丰四朝,代代相承《官箴》,每莅新任都携《官箴》,既警示自己,又警戒他人,这就是我们在西安碑林所看到的36字《官箴》。36字《官箴》的核心是公正廉明,连平颜氏三代以《官箴》为座右铭,率先垂范,做到了公正廉明。颜希深任山东督粮道时,在来不及向上司禀报的情况下,冒着危险开仓放粮,救济灾民。颜检任福建巡抚、直隶总督时,多次上书直谏,为民请愿,减税赋、免岁贡、抵差役,切实减轻了百姓负担,至今为后人所称道。据《连平州志》记载,颜检秉性仁慈,老成持重,言语随和,回家省亲,布衣草笠,出入不用仆从,乡人多不知其为贵官。连平城颜检故居"宫保第"有楹联:"清白存心,精勤任事;勉为良吏,力挽颓风。"颜伯焘上任时正值鸦片战争之际,社会上鸦片泛滥,他既不同意许乃济把鸦片当作药材进口从而任其泛滥的弛禁主张,也不同意黄爵滋变更旧章以大辟死罪重治吸食者的严禁主张,力主清除社会积弊,宽严相济,整顿旧制,责令地方对鸦片"善为禁制"。为官一任,亲民爱民,是颜氏三代践行36字《官箴》的具体体现。颜希深、颜检、颜伯焘为官清廉、勤政爱民、忠贞爱国的事迹被广为传颂。"一门三世四督抚,五部十省八花翎",颜家成为清代中期名震一时的"二十八世家"之一。

当然,颜子对后世的影响不仅限于颜氏家族。元代之前,颜子被尊为亚圣,孔颜并称。元至顺元年(1330),元文宗改封颜子为"兖国复圣公",新封孟子"邹国亚圣公",颜子依然居于四配之首。颜子一生箪食瓢饮、安贫乐道,他的追求超越了物质和功名。梁漱溟先生认为,孔子最重要的观念是仁,最著名的态度是乐。仁与乐,一个是道德生命的本体，一个是道德生命的发用。正因为颜子克己复礼、贫而乐道，注重生命的本体与发用，才被后世儒者推崇备至。颜子"人不善我，我亦善之"的待人方式，体现了他极高的道德修养和生活智慧。颜子所学就是以仁学为核心的圣人之道，颜子达到了乐天知命、无乐无忧、心斋坐忘、离形去知的极高境界。

# 附　录

## 一、历代帝王对颜子的祀封[①]

历代帝王驾幸曲阜，崇儒重道，祭孔祀颜，拜谒圣贤，对颜子及其家族优渥有加。

### 周

周敬王三十九年（鲁哀公十四年，前481年）秋八月二十三日，颜子病逝于曲阜陋巷家中，时年41岁。孔子哭之恸。鲁哀公前往吊唁，升至东阶，向尸而哭。

### 汉

西汉高祖十二年（前195）十一月，刘邦东巡过曲阜，以太牢祀孔子，以颜子配享。此为帝王祭祀颜子之始。

东汉永平十五年（72）三月，明帝刘庄东巡至曲阜，诣阙里孔子宅庙，祀孔子及颜子。

元和二年（85）三月，章帝刘炟东巡至曲阜，以太牢祀孔子及颜子等。

---

[①] 本部分内容主要参考《陋巷志》（明万历颜胤祚修辑本、明万历颜胤祚增修重刻本、清颜光鲁与颜绍统增订重刻本）、《新编陋巷志》（齐鲁书社2002年版），以及正史相关记载。

延光三年（124）三月，安帝刘祜东巡至曲阜，祀孔子及颜子等。

光和元年（178），灵帝刘宏于鸿都门学画孔子及颜子像。

**魏**

黄初元年（220）三月，文帝曹丕讲《论语》通，以太牢祀孔子于辟雍，以颜子配享。

黄初五年（224）五月，文帝曹丕讲《尚书》通，以太牢祀孔子于辟雍，以颜子配享。

黄初七年（226）十二月，文帝曹丕讲《礼记》通，以太牢祀孔子，以颜子配享。

正始二年（241），魏齐王曹芳初通《论语》，使太常以太牢之礼祭孔子于辟雍，以颜子配享。

正始五年（244），魏齐王曹芳讲《尚书》经通，以太牢祀孔子于辟雍，以颜子配享。

正始七年（246），魏齐王曹芳讲《礼记》通，以太牢祀孔子于辟雍，以颜子配享。

**晋**

泰始三年（267），武帝司马炎诏太学及鲁国，四时备三牲（太牢）祀孔子，以颜子配享。

泰始七年（271），皇太子讲《孝经》通，亲释奠，以太牢祀孔子，以颜子配享。

咸宁三年（277），武帝司马炎讲《诗》通，亲释奠，以太牢祀孔子，以颜子配享。

太康三年（282），武帝司马炎讲《礼记》通，以太牢祀孔子，以颜子配享。

元康三年（293），皇太子讲《论语》通，太子亲释奠。太子进爵于先师孔子，中庶子进爵于颜子。

宁康三年（375），孝武帝司马曜释奠于中堂，祀孔子，以颜子配享。

**南北朝**

北魏始光三年（426）二月，太武帝拓跋焘起太学于鲁城东，祀孔子，以颜子配享。

北魏太平真君十一年（450），太武帝拓跋焘至曲阜，以太牢祀孔子，以颜子配享。

北魏正光二年（521）三月，孝明帝拓跋诩幸国子学，祭祀孔子，以颜子配享。

南朝宋元嘉十九年（442）十二月，文帝刘义隆以太牢祀孔子，以颜子配享。

北齐天保元年（550），文宣帝高洋令鲁郡以时修葺坊内孔子、颜子庙宇，遣使致祭，又制春秋二仲释奠先圣、先师。各地郡学皆于坊内立孔、颜庙。

**唐**

贞观二年（628），太宗李世民诏升孔子为先圣、颜子为先师。

贞观二十年（646），太宗李世民诏皇太子于国子学释奠先圣、先师。

乾封元年（666）二月，高宗李治至曲阜，以太牢祀先圣、先师。

总章元年（668），皇太子释奠于学。高宗李治赠颜子为太子少师，配享孔子庙。

太极元年（712）二月十六日，睿宗李旦加赠颜子为太子太师。

开元八年（720），玄宗李隆基诏定十哲配祀孔子庙，以颜子为十哲之首。此为十哲配享之始。追封颜子为亚圣。

开元十三年（725）十一月，玄宗李隆基至曲阜，祀先圣、先师。颁诏孔子、颜子后裔免赋役。

开元二十七年（739）八月，玄宗李隆基诏封颜子为"兖公"、颜无繇为"杞伯"，并依制立碑、建享殿于墓前。

## 五 代

后周广顺二年（952）六月，太祖郭威至曲阜，祀孔子庙，拜其墓，访得孔子、颜子后裔。特授孔子后裔为曲阜县令、颜子四十六代孙颜涉（颜文蕴之子）为曲阜县主簿，并下令修葺颜子庙，禁止在颜子墓侧伐树拾柴。

## 宋

建隆三年（962），太祖赵匡胤诏以太牢祀先师兖国公，御制《亚圣兖国公赞》。

大中祥符元年（1008）十一月，真宗赵恒封禅泰山，返京过曲阜，祭祀孔子、颜子，特授孔子后裔孔圣佑为奉礼郎、颜子后裔颜端为郊社斋郎。

大中祥符二年（1009）五月，真宗赵恒下诏封颜子为"兖国公"，封颜无繇为"曲阜侯"。

崇宁四年（1105），徽宗赵佶赠颜子九旒冕服。

绍兴十四年（1144）三月，高宗赵构御制祝文致祭兖国公。

绍定三年（1230），理宗赵昀作《兖国公赞》。

咸淳三年（1267）正月，度宗赵禥驾幸太学，拜谒孔子，以颜子、曾子、子思、孟子配享。颜子居右。

## 金

大定十四年（1174），于孔庙大成殿为颜子塑九章九旒服像，曲阜侯颜路冕七旒服七章。

大定十五年（1175），颜子庙在鲁故城东北隅落成。世宗完颜雍亲撰祀文，遣朝散大夫告祭于颜子庙。

大定二十四年（1184）三月，衍圣公兼曲阜县令孔摠为颜子立碑，由太原王筠书"先师兖国公墓"六个大字。

明昌五年（1194），章宗完颜璟致祭先师兖国公。

## 元

至元二年（1265）七月，世祖忽必烈遣集贤学士王德渊以牲牢庶馐致祭亚圣兖国公。诏颜氏子孙免除赋役。

大德二年（1298）九月初二日，成宗铁穆耳致祭先师兖国公。

至大四年（1311）十月初四日，武宗海山遣资政大夫国子祭酒刘赓致祭先师兖国公。

延祐四年（1317），在陋巷故址新建颜庙。建成后，将旧庙颜子塑像移往新庙。

泰定五年（1328），朝廷拨赐邹县田三十顷、滕县湖一区，以供颜氏春秋祭祀。

至顺元年（1330）七月，文宗诏封颜子为"兖国复圣公"。

至顺三年（1332），文宗追封颜子父颜无繇为杞国公，谥"文裕"；追封其母齐姜氏为杞国夫人，谥"端献"；追封其妻宋戴氏为兖国夫人，谥"贞素"。

元统二年（1334）六月，顺帝遣中书省掾邓昌世，以太牢致祭先师兖国复圣公。

## 明

洪武二十六年（1393），颁大成乐于天下，使后世祭祀孔子、颜子有了法定乐章。

永乐七年（1409），成祖朱棣遣礼部员外郎饶希致祭兖国复圣公。

景泰二年（1451），诏颜氏宗子世袭翰林院五经博士一员，遂著为令。代宗朱祁钰驾幸太学，释奠先师孔子，以陈懋分献颜子。五十九代宗子颜希仁等赴京陪祀。

景泰三年（1452），衍圣公孔彦缙举颜子后裔颜希惠、孟子后裔孟希文赴京，俱授翰林院五经博士，子孙世袭。颜、孟二氏袭职自此始。后颜希惠因非嫡裔，改授颜希仁长子颜议为翰林院五经博士。

成化元年（1465），宪宗朱见深驾幸太学，释奠孔子，命礼部主事张谨分献颜子。颜子六十代孙、翰林院五经博士颜议并族人二名赴京陪祀。

弘治元年（1488），孝宗朱祐樘驾幸太学，释奠孔子，以吏部左侍郎刘宣分献颜子。颜子六十一代孙、翰林院五经博士颜公铉与族人颜希恢、颜谧赴京陪祀。

正德元年（1506），武宗朱厚照驾幸太学，释奠孔子，以少傅太子太师、吏部尚书、华盖殿大学士刘健分献颜子。翰林院五经博士颜公铉与族人颜公钛、颜公瑶赴京陪祀。

嘉靖九年（1530），改大成殿为先师庙，颜子为四配之首。

嘉靖十二年（1533）三月，世宗朱厚熜驾幸太学，以太子太保、吏部尚书兼武英殿大学士李时分奠颜子。六十三代孙、翰林院五经博士颜从祖与族人颜朋、颜重宜赴京陪祀。

嘉靖二十七年（1548），于颜子墓前立新碑，碑书篆字"兖国复圣公墓"。

隆庆元年（1567），穆宗朱载垕驾幸太学，以少师兼太子太师、吏部尚书、建极殿大学士徐阶分奠颜子，命礼部主事刘继文行取颜子六十三代孙、翰林院五经博士颜肇先与族人颜重卿、颜从麟赴京陪祀。

万历四年（1576），神宗朱翊钧驾幸太学，以少师兼太子太师、吏部尚书、中极殿大学士张居正分奠颜子，命礼部主事张程行取颜子六十四代孙、翰林院五经博士颜嗣慎及族人颜弘绅、颜弘乾赴京陪祀。

万历二十二年（1594），于曲阜颜庙前增建"陋巷"石坊。

万历三十九年（1611），重修曲阜颜庙门前"卓冠贤科"及"优入圣域"二石坊。

天启五年（1625）九月，熹宗朱由校驾幸太学，以少保兼太子太傅、吏部尚书、建极殿大学士魏广微分奠颜子。命中书舍人杨中极行取颜子六十七代孙、翰林院五经博士颜光鲁及族人颜胤禧、颜胤学赴京陪祀。

崇祯二年（1629），思宗朱由检驾幸太学，以内阁大学士李日宣分奠颜子。命中书舍人梁招远行取颜子六十七代孙、翰林院五经博士颜光鲁及族人颜伯忠、颜伯伟赴京陪祀。

崇祯十四年（1641），思宗驾幸太学，遣人分奠颜子。命行人司鲁近暹行取颜子六十八代孙、翰林院五经博士颜绍绪及族人颜胤俊赴京陪祀。

### 清

崇德元年（1636），建庙盛京，遣大学士范文程致祭。奉颜子、曾子、子思、孟子为配。定春秋二仲上丁行释奠礼。

顺治元年（1644），以至圣六十五代孙孔胤植袭封衍圣公，以孔子、颜子、曾子、孟子、仲子嫡裔袭五经博士。

顺治二年（1645），定称"大成至圣文宣先师孔子"。四配为复圣颜子、宗圣曾子、述圣子思、亚圣孟子。春秋上丁行祭。

顺治九年（1652）九月，世祖驾幸太学，释奠先师。命行人司张九征行取颜子六十八代孙、世袭五经博士颜绍绪及族人二名赴京陪祀。

顺治十六年（1659），御书《颜子赞》。

顺治十八年（1661），颁行天下学。

康熙八年（1669），圣祖玄烨驾幸太学，行取颜子六十九代嫡孙、世袭五经博士颜懋衡陪祀。

康熙二十三年（1684）十一月，圣祖玄烨南巡过曲阜，祭祀孔子，以颜子配享。颜子六十九代嫡孙、世袭五经博士颜懋衡陪祀。

## 二、历史名人对颜子的赞颂[1]

子曰:"颜氏之子,其殆庶几乎?有不善未尝不知,知之未尝复行也。易曰:'不远复,无祗悔,元吉。'"

——《周易·系辞下》

子曰:"吾与回言终日,不违,如愚。退而省其私,亦足以发,回也不愚。"

——《论语·为政》

哀公问:"弟子孰为好学?"孔子对曰:"有颜回者好学,不迁怒,不贰过。不幸短命死矣,今也则亡,未闻好学者也。"

——《论语·雍也》

子曰:"回也,其心三月不违仁,其余则日月至焉而已矣。"

——《论语·雍也》

子曰:"贤哉,回也!一箪食,一瓢饮,在陋巷。人不堪其忧,回也不改其乐。贤哉,回也!"

——《论语·雍也》

子谓颜渊曰:"用之则行,舍之则藏,惟我与尔有是夫。"

——《论语·述而》

子曰:"语之不惰者,其回也与!"

——《论语·子罕》

子谓颜渊,曰:"惜乎!吾见其进也,未见其止也。"

——《论语·子罕》

德行:颜渊,闵子骞,冉伯牛,仲弓。言语:宰我,子贡。政事:冉

---

[1] 本部分内容主要参考《陋巷志》(明万历颜胤祚修辑本、明万历颜胤祚增修重刻本、清颜光鲁与颜绍统增订重刻本)、《新编陋巷志》(齐鲁书社2002年版)、《新编颜子通解》(复圣书院2016年编印)等。

有，季路。文学：子游，子夏。"

——《论语·先进》

季康子问："弟子孰为好学？"孔子对曰："有颜回者好学，不幸短命死矣，今也则亡。"

——《论语·先进》

孔子曰："回有君子之道四焉：强于行义，弱于受谏，怵于待禄，慎于治身。史䲡有君子之道三焉：不仕而敬上，不祀而敬鬼，直己而曲人。"曾子侍，曰："参昔常闻夫子三言，而未之能行也。夫子见人之一善而忘其百非，是夫子之易事也；见人之有善，若己有之，是夫子之不争也；闻善必躬行之，然后导之，是夫子之能劳也。学夫子之三言而未能行，以自知终不及二子者也。"

——《孔子家语·六本》

文子曰："吾子所及者，请问其行！"子贡对曰："夫能夙兴夜寐，讽诵崇礼，行不贰过，称言不苟，是颜回之行也。孔子说之以《诗》曰：'媚兹一人，应侯慎德'，'永言孝思，孝思惟则'。若逢有德之君，世受显命，不失厥名；以御于天子，则王者之相也。"

——《孔子家语·弟子行》

禹、稷当平世，三过其门而不入，孔子贤之。颜子当乱世，居于陋巷，一箪食，一瓢饮，人不堪其忧，颜子不改其乐，孔子贤之。孟子曰："禹、稷、颜回同道。禹思天下有溺者，由己溺之也；稷思天下有饥者，由己饥之也，是以如是其急也。禹、稷、颜子易地则皆然。"

——《孟子·离娄下》

"子夏、子游、子张，皆有圣人之一体；冉牛、闵子、颜渊，则具体而微。"

——《孟子·公孙丑上》

曾子疾病，曾元抑首，曾华抱足。曾子曰："微乎！吾无夫颜氏之言，吾何以语汝哉！……"

——《大戴礼记·曾子疾病》

子曰："回之为人也，择乎中庸，得一善，则拳拳服膺而弗失之矣。"

——《礼记·中庸》

人或问孔子曰："颜回，何如人也？"曰："仁人也，某弗如也。"

——《淮南子·人间训》

孔子哭之恸，曰："自吾有回，门人益亲。"

——（西汉）司马迁《史记·仲尼弟子列传》

禀天地之纯和，钟岳渎之休灵。睿哲之资，诞自初育；英绝之才，显乎婴孩。在束修之齿，入宣尼之室。德行迈于三千，仁风横于万国。知微知彰，闻一觉十；用行舍藏，与圣合契。名为四科之冠，实尽疏附之益。尔乃安陋巷，挹清流，甘箪瓢以充饥，虽屡空而不忧。于时河不出图，周祚未讫。仲尼无舜禹之功，先生包元凯之烈。其辞曰：亚圣德，蹈高踪。游洙泗，肃礼容。备懿体，心弥冲。秀不实，振芳风。配圣馈，图辟雍。纪德行，昭罔穷。

——（东汉）祢衡《颜子庙碑》

心不违仁，行无贰过；用行舍藏，与圣合契。听承圣言，罔有不喻，叙之于易，以彰殊异。死则悲恸，谓天丧己。所以殷勤至于此者，圣人嘉贤哲才之效也。设使天假之年，后孔子没，焉知其不光明圣道，阐扬师业，有卓尔之美乎！百虑之所得，愚者有焉，愿后之君子详览之焉尔。

——（三国魏）曹髦《颜子论》

颜子亹亹，仁心不违。行无贰过，知彰知微。

——（西晋）挚虞《颜子赞》

知彰知微，体深研几。明象介石，量同圣师。
探颐罔滞，在言靡遗。仰诸惟高，瞻之攸希。

——（西晋）夏侯湛《颜子赞》

束身励行，宗事圣道。钻仰孜孜，视予犹考。

——（西晋）孙楚《颜回赞》

神道天绝，理非语象。不有伊人，谁怜谁仰。

际尽一时，照无二朗。契彼玄迹，冥若影响。

——（东晋）戴逵《颜子赞》

钦哉体一，亚彼至人。乍分介石，时知落鳞。

不先称宝，席上为珍。致虚守静，曲巷安贫。

钦风味道，其德有邻。

——（梁）萧绎《又祭颜子文》

杏坛槐市，儒述三千。回也亚圣，某也称贤。

四科之首，百行之先。秀而不实，得无恸焉。

——（唐）李隆基《颜子赞》

系我宗，邾颜公。子封郳，鲁附庸。亚孔圣，浴沂风。刺青徐，给事中。护营柳，渡江枫。侍兄疾，感虹童。邻火断，珥貂重。施七叶，传孝恭。武骑都，尉司空。便尺牍，继鱼虫。恸君难，愤而终。咨记室，游湘东。嗟御正，凛移忠。息黄门，擅文雄。三昭长，事东宫。四穆叔，史牢宠。褒华州，诂训通。小秘书，盛名鸿。维太保，文翰工。苞畿赤，五褒崇。登望苑，友桂丛。三超赠，保储躬。流光盛，庙貌融。永不祧，垂无穷。

——（唐）颜真卿《颜氏家庙碑铭》

余悲不及古之人兮，伊时势而则然。

独闵闵其曷已兮，凭文章以自宣。

昔颜氏之庶几兮，在隐约而平宽。

固哲人之细事兮，夫子乃嗟叹其贤。

恶饮食乎陋巷兮，亦足以颐神而保年。

有至圣而为之依归兮，又何不自得于艰难。

曰余昏昏其无类兮，望夫人其已远（一作"还"）。

行舟檝而不识四方兮，涉大水之漫漫。

勤祖先之所贻兮，勉汲汲于前修之言。

虽举足以蹈道兮，哀与我者为谁？

众皆舍而己用兮，忽自惑其是非。

下土茫茫其广大兮，余一不知其可怀。

就水草以休息兮，恒未安而既危。

久拳拳其何故兮，亦天命之本宜。

惟否泰之相极兮，咸一得而一违。

君子有失其所兮，小人有得其时。

聊固守以静俟兮，诚不及古之人兮其焉悲！

——（唐）韩愈《闵己赋》

鲁国千圣，岂无康逵。传载陋巷，以颜居之。鄙委侧僻，枢桑覆茨。箪瓢屡空，其乐怡怡。

圣人之言，终日不违。《易》赞独入，云颜庶几。门直大道，堂如翚飞。梁肉在御，狼贪豕肥。

陋巷相去，不其远而。我实狂狷，蓬蒿所宜。勒于柴荆，贤哉是思。

——（唐）陆龟蒙《陋巷铭》

生值衰周，爵不及鲁。一箪藜藿，陋巷环堵。

德冠四科，名垂千古。没表万年，遂荒东土。

——（宋）赵匡胤《亚圣兖国公赞》

德行首科，显冠学徒。不迁不贰，乐道以居。

食饮甚恶，在陋自如。宜称贤哉，岂仅不愚。

——（宋）赵构《兖国公赞》

学冠孔门，德行居首。闻一知十，卓立实有。

乐道箪瓢，不易所守。步趋圣人，瞠若其后。

——（宋）赵昀《兖国公赞》

贤哉子渊，惟仁是好。如愚屡空，邻几睹奥。用行舍藏，与圣同道。封岱丁辰，益兹荣号。

——（宋）王旦《奉敕撰兖国公赞》

颜子一箪食，一瓢饮，在陋巷，人不堪其忧，而不改其乐。夫富贵，人所爱者也。颜子不爱不求而乐乎贫者，独何心哉？天地间有至贵至富、可爱可求而异乎彼者，见其大而忘其小焉尔。见其大则心泰，心泰则无不足，无不足则富贵贫贱，处之一也；处之一则能化而齐，故颜子亚圣。

——（宋）周敦颐《周子通书训义·颜子》

天之生民，是为物则；非学非师，孰觉孰识？圣贤之分，古难其明；有孔之遇，有颜之生。圣以道化，贤以学行；万世心目，破昏为醒。周爰阙里，惟颜旧址；巷污以榛，井埋而圮。乡间蚩蚩，弗视弗履；有卓其谁，师门之嗣。追古念今，有恻其心；良价善谕，发帑出金。巷治以辟，井渫而深；清泉泽物，佳木成阴。载基载落，亭曰颜乐；昔人有心，予忖予度。千载之上，颜惟孔学；百世之下，颜居孔作。盛德弥光，风流日长；道之无疆，古今所常。水不忍废，地不忍荒。呜呼正学，其何可忘！

——（宋）程颢《颜乐亭铭》

志不行于时，而能驱世以归仁；泽不加于民，而显道以终身。德无穷通，古难其人。惟公能之，绝世离伦，富贵不义，视之如云。饮止一瓢，不忧其贫。受教孔子，门人益亲。血食万世，配享惟神。敢不昭荐，公乎有闻。

——（宋）苏轼《告颜子祝文》

颜子之故居所谓陋巷者，有井存焉。胶西太守孔君宗翰，始得其地，浚治其井，作亭于其上，命之曰"颜乐亭"。昔孔子以箪瓢陋巷贤哉颜子，而韩子乃以为哲人之细事，何哉？苏子曰：君子之于人也，必于其小者观之，自其大者容有伪焉。人能碎千金之璧，不能无失声于破釜，能搏猛虎之暴，不能无变色于蜂虿。孰知箪食瓢饮不改其乐为哲人之大事乎？乃作《颜乐亭记》以遗孔君，正韩子之说，且以自警云。

天之生民，为之鼻口。美者可嚼，芬者可嗅。美必有恶，芬必有臭。我无天游，六凿六斗。骛而不反，跬步商受。美哉我师，安在微陋。渺然其身，中亦何有。孟贲股栗，虎豹却走。我求至乐，千载无偶。飘然从之，忽然在后。

——（宋）苏轼《颜乐亭记》

颍滨曰：孔子于诸弟子，独称颜回之好学，弟子之贤者众矣，而孔子不以好学许之，岂妄言哉！吾尝论之弟子之知孔子者，独颜子耳。孔子之道如天，然在贤者，识其大者，不贤者，识其小者。颜子识其大者也，故仰之而知其有高者存焉，钻之而知其有坚者存焉。故曰："语之而不惰者，其回也欤！"此孔子所以独称其好学也。人诚有见于此，譬如为山，虽覆一篑，未有能止之者也，苟诚无见矣，虽既九仞，不复能进也。此颜子与众弟子之辨也。又曰：予少年读书，窃尝怪颜子箪食瓢饮，居于陋巷，人不堪其忧，颜子不改其乐。私以为虽不欲仕，然抱关击柝，尚可以自养，而不害于学，何至困辱贫窭，自苦如此？及来筠州，勤劳米盐之间，无一日之休，虽欲弃尘垢，解羁絷，自放于道德之场，而事每劫而留之，然后知颜子所以甘心于贫贱，不肯求升斗之禄以自给者，良以其害于学故也。嗟夫，士方其未闻大道，沉酣世利，以玉帛子女自厚，自以为乐矣，及其循理以求道，落其华而收其实，从容自得，不知天地之为大，与生死之为变，而况其下者乎！故其为乐也；足以易穷饿而不变，虽南面王乐，不能加之，盖非有德不能任也。予方区区，欲磨洗浊污，晞圣贤之万一，自视缺然，而欲庶几颜氏之乐，宜其不可得哉！若夫孔子周行天下，高为鲁司寇，下为委吏、乘田，惟其所遇，无所不可，盖达者之事，而非学者之所望也。

——（宋）苏辙（摘自《历代名贤确论》）

颜子问仁之后，夫子许多事业皆分付颜子了。故曰："用之则行，舍之则藏，惟我与尔有是。"颜子没，夫子哭之曰："天丧予。"盖夫子事业自是无传矣。曾子虽能传其脉，然参也鲁，岂能望颜子之素蓄。幸曾子传之子思，子思传之孟子，夫子之道，至孟子而一光。然夫子所分付颜子事业，亦竟不复传也。

——（宋）陆九渊《象山先生全集》

山染岚光带日黄，萧然茅屋枕池塘。

自知寡与真堪笑，赖有箪瓢一味长。

——（宋）罗从彦《谒颜庙诗》

朕惟得孔氏之门，入圣人之域，颜子一人而已！观其不迁怒，不贰过，以成复礼之功；无伐善，无施劳，益著为仁之效，盖将不日而化矣。惜乎，不假之年也。朕缅怀哲人，留心圣学，将大新于风教，故特侈于褒，嘉于戏。"用之则行，舍之则藏"，虽潜德一时之不显，"吾见其进，未见其止"。顾圣言百世而弥彰。尚服宠光丕隆文治，可加封兖国复圣公。

——（元）图贴睦耳《颜子赞》

祇命适东鲁，晨征趋孔林。旋过亚圣庙，俯伏肃灵襟。

陋巷览遗址，称贤到于今。一箪乐自足，千驷名空沉。

凤鸟时不至，骥尾胥附深。为邦问礼乐，用舍孰知音。

愚生后百世，岁月徒侵寻。博约赖明训，庶矣复初心。

——（元）汪泽民《谒颜庙诗》

乐道安贫正妙年，当时德行冠三千。

自惭鲁钝浑无似，枉著微名慕大贤。

——（元）刘德渊《谒颜庙诗》

惟公德冠四科，未达一间，潜心好学，禹稷同冠，兹仗节钺，廓清阴曀，军旅事殷，未遑与祭，敬遣辅行，载达情意，尚飨！

——（元）察罕帖木儿《祭颜子文》

亚圣天资高，万里何昭融。冰涵玉壶洁，月浸寒潭空。

宣尼阐精微，未言心已通。悟彻总释然，无辨如不聪。

庆泽委千载，绍述超凡庸。诗歌念祖德，聿修贵崇功。

勖哉慎终始，令名垂无穷。

——（明）陈敬宗《谒颜庙诗》

天禀纯粹，一元之春。精金美玉，和风庆云。

博文约礼，超入圣门。百王治法①，万世归仁。

——（明）陈凤梧《颜子赞》

见圣道之全者惟颜子，观喟然一叹可见。其谓"夫子循循然善诱人，博我以文，约我以礼"，是见破后如此说。博文约礼，如何是善诱人？学者须思之。道之全体，圣人亦难以语人，须是学者自修自悟。颜子"虽欲从之，末由也已"，即文王"望道未见"意。望道未见，乃是真见。颜子没，而圣学之正派遂不尽传矣。

——（明）王守仁《阳明全书》

乐是心之本体，虽不同于七情之乐，而亦不外于七情之乐。虽则圣贤别有真乐，而亦常人之所同有，但常人有之而不自知，反自求许多忧苦，自加迷弃。虽在忧苦迷弃之中，而此乐又未尝不存。但一念开明，反身而诚，则即此而在矣。

——（明）王守仁《阳明全书》

和粹真如四序春，先师精蕴发公身。

为邦礼乐传王佐，陋巷箪瓢乐圣人。

虹气贯空遗井在，龙纹绕石御碑新。

从容四勿为仁地，千古寥寥愧后尘。

——（明）罗璟《谒颜庙诗》

鲁人有东家，颜氏非西邻。陋巷带甃井，千载犹荒村。

古屋自增辉，累代加褒甄。继昔心不违，至今里称仁。

贤哉复圣语，后生庶前闻。岂知箪瓢乐，乐道非乐贫。

我昔过其里，指途借居人。是时属炎暑，萧索如初春。

老树尽摧折，周垣半颓堙。入祠重瞻拜，瓣香赞明神。

终退见贫者，疑为原宪孙。

——（明）吴宽《谒颜庙诗》

---

① 法：《复圣颜子像碑》作"怀"。

废井荒原古庙高，昔贤曾此伴箪瓢。
经祠剩有碑遮眼，过巷犹余草没腰。
一室当时非困苦，寸腔千古识英豪。
休云鲁有三家富，故国无缘觅草蒿。

——（明）徐源《谒颜庙诗》

至德不出世，所居必有邻。依依阙里东，见此陋巷村。
天资本纯粹，况乃沾陶甄。礼乐以为邦，克复以为仁。
当时七十子，此道鲜有闻。行藏亦时可，不道周公贫。
伤哉仲尼恸，此涕复何人。公封与庙配，俎豆垂千春。
古祠久荒蔽，废井尚未湮。洞酌代明祀，泠然洗心神。
旧第入环堵，缨冠见云孙。因之访孟庙，邹峄东峋嶙。
遥瞻孔林在，且荐清溪蘋。

——（明）李东阳《谒颜庙诗》

皇天良有意，圣哲生为邻。祥云与瑞日，照映鲁元村。
及门自髡髦，至宝造化甄。依归既得所，斯须岂违仁。
了了发圣蕴，一一亲见闻。躬行久忘我，安知孰为贫。
萧然陋巷居，乐哉独斯人。寸心不盈掬，浩荡万物春。
我来后千载，世远道未湮。故井蓄膄旨，高瞻拱元神。
遗泽何深长，雍雍有闻孙。寄瞩尼防外，云霄两嶙峋。
何以慰予思，盥手荐芳蘋。

——（明）陈镐《次李东阳韵》

夫子阐人极，群儒领圣传。论年伤大早，闻道许谁先。
礼乐为邦问，箪瓢陋巷贤。章缝渐后进，不敢忘蹄筌。

——（明）乔宇《谒颜庙诗》

昔贤侍圣师，每语辄终日。春风蒲庭除①，涣然自冰释。

---

① 此处疑似"春风满庭除"。

孰知大智资，偶与不慧匹。及观日用问，所履皆圣辙。
迨今千载下，学者仰矜式。贤宗有孙子，揭扁表遗泽。
颜林郁苍苍，景止在昕夕。博约侈交修，庶用绳祖德。

——（明）吴节《谒颜庙诗》

素王宫阙鲁侯台，兖国崇祠此并开。
位冠元公师友会，道同皇佐古今才。
虚亭玉瓽疏眢井，旧巷璇题锁绣苔。
门外依稀余辇路，前朝曾睹翠华来。

——（明）于慎行《谒颜庙诗》

天教摧折病中身，幸自东来见道真。
万里程途称健步，千年庙貌如青春。
宫墙不隔高瞻地，洙泗能回独往神。
废井分明记瓢饮，因知原宪未为贫。

——（明）李兆生《谒颜庙诗》

浮云散尽杏坛空，请事先登数仞宫。
三月不违天地德，一瓢甘受古今穷。
才教雪化红炉里，便惹霜飞绿鬓中。
几度祠前啼杜宇，落花流水怨东风。

——（明）普晖《谒颜庙诗》

好学称颜子，贤哉百世师。不堪陋巷日，那惜请车时。
恸哭身应丧，行藏道在兹。子孙同报典，天地是终期。

——（明）陈沂《谒颜庙诗》

孔庙还颜庙，遗容拜俨然。当年惟善学，千古共推贤。
天地蒸尝永，曾孙赏禄延。如君元未夭，何用寿如篯。

——（明）熊相《谒颜庙诗》

古木失岁月，瓢饮存嘉名。宁知没齿瘁，乃有千秋荣。
中虚蕴英发，和粹含神明。庙貌亦如愚，圭兖非其情。

至人宝所受，氓庶较亏盈。三桓故堂庑，恻怆郊原平。

——（明）顾梦圭《谒颜庙诗》

孔门三千士，速肖七十人。子渊得宗传，具体德维纯。
博约功已至，三月不违仁。尽发圣心微，万世教斯民。
凡人所景行，况乃后代孙。承家绪已远，学道力须勤。
故巷翳乔木，阙里接芳邻。心斋有余乐，岂厌箪瓢贫。
企止千载上，祖孙分犹亲。勉振前哲风，勿与常人伦。

——（明）徐瑆《谒颜庙诗》

孔门称庶几，其惟颜氏子。终日尝如愚，好学真罕比。
克复既请事，高坚悟卓尔。具体亦已微，惜未见其止。
陋巷想遗芳，贤哉怀阙里。

——（明）王弘诲《谒颜庙诗》

耑年不啬庙馨香，一饮瓢偏得味长。
乐比井深留不改，心依亭住坐来忘。
尽教巷以贫称陋，那见人能舍则藏。
怳悟及门其殆庶，怪言苦卓子云杨。

——（明）吕兆祥《丙辰谒颜庙诗》

安贫千古更谁如，死却抛生乐有余。
到底一箪都不要，当年错请子之车。

——（明）吕兆祥《丙寅仲冬再至阙里谒颜林诗》

陋巷遗址古树阴，一瓢乐处有谁寻？
而今认得斯文在，忍效悠悠陌路心。

——（明）贾凫西《修陋巷颜庙》

圣道早闻，天资独粹。约礼博文，不迁不贰。
一善服膺，万德来萃。能化而齐，其乐一致。
礼乐四代，治法兼备。用行舍藏，王佐之器。

——（清）爱新觉罗·玄烨《颜子赞》

贫也者，吾不知其所恶；寿也者，吾不知其所慕，德以润身，孰谓其贫；心以传道，孰谓难老。箪瓢陋巷，至乐不移；仰高钻坚，三月无违。夫子有言，克己成性，用致其功，允成复圣。

——（清）爱新觉罗·玄烨《复圣颜子赞》

我祖夙闻道，冲怀绝夸骋。心与造物游，德契尼山永。遗庙肃邦祀，日星竞熛炳。荒阶蘼芜深，虚壁松槚冷。入户蔼春温，神仪变俄顷。焄蒿袭空帷，馨欸闻藻井。屏息欷永叹，层霄更延领。积庆流云孙，瓜瓞良厚幸。贫窭乏远犹，沉埋困机阱。樗散谬通籍，波深愁短绠。康庄追骐骥，霖雨羞蛙黾。有怀恐常违，椒蕙终独秉。吾祖称骏德，亦惟纷华屏。支离尘壒中，无乃阙三省。微风燎烟高，旭日重门静。寒泉香且冽，裴徊鉴清影。

——（清）颜光敏《乐圃集·谒祖庙》

惟复圣颜子，质秉深潜，学精纯粹。处屡空之境，乐著不移；受终日之传，诣称足发。三月之操存无间……入圣域以非遥；行能首冠诸科，绍心传于不坠，追崇允合，昭报攸宜。朕稽古东巡，至于东鲁，慕前型而不远，用企清修；瞻遗庙以犹存，式怀令范，虔修祀事，敬遣专官，惟冀神灵，尚其歆格。

——（清）爱新觉罗·弘历《祭颜子》

惟复圣颜子，泗水钟英；杏坛希圣，四科首选。德行冠夫诸贤，三月无违；克复征于一日，证行藏之合。常屡空而晏如，集礼乐之成；堪王佐而不愧，好学之懿修弗替，庙庭之配典常崇。兹以时巡，载临旧里，侑尊罍于广殿，已致虔恭；申奠醱于专官，更陈秩祭。灵其来格，享此清芬。

——（清）爱新觉罗·弘历《祭颜子》

## 三、颜子年谱新编①

**一岁,前521年(鲁昭公二十一年)**

十一月十六日,颜子生于鲁国都城曲阜陋巷。是年,颜路二十五岁,孔子三十一岁。孔子弟子巫马期、宓子贱、高柴生。

**二岁,前520年(鲁昭公二十二年)**

四月,周景王崩,子猛立,即悼王。王子朝联络旧官、百工与灵、景之族造反,杀悼王自立,晋人攻之,立景王另一子匄,是为周敬王。端木赐生,字子贡,卫国人。

颜子在鲁。

**三岁,前519年(鲁昭公二十三年)**

颜子在鲁。

**四岁,前518年(鲁昭公二十四年)**

颜子在鲁。

**五岁,前517年(鲁昭公二十五年)**

鲁昭公将师伐季孙氏,季孙、叔孙、孟孙三家联合反抗昭公,昭公兵败奔齐。

孔子因鲁乱适齐,住齐大夫高昭子家。

颜子在鲁。

---

① 本年谱参考匡亚明《孔子评传》(南京大学出版社1990年版)、颜景琴等《颜子评传》(山东友谊出版社1994年版)、杨朝明主编《孔子事迹编年》(中国社会出版社2012年版)以及复圣书院2016年编印《新编颜子通解》,事件顺序有所调整。

### 六岁，前516年（鲁昭公二十六年）

孔子在齐闻《韶》。《韶》相传为虞舜时代的音乐，孔子有"三月不知肉味"之叹。

齐景公问政于孔子，孔子答以"君君，臣臣，父父，子子"，深为景公赞赏。齐景公欲以尼溪田封孔子，但因晏婴阻止而罢。鲁昭公自齐居郓。

颜子在鲁。

### 七岁，前515年（鲁昭公二十七年）

孔子自齐返鲁。齐景公以年老为由，决定不起用孔子。齐大夫有人欲加害孔子，孔子急忙归鲁，"接淅而行"。吴公子光使专诸刺吴王僚而自立，是为吴王阖闾。樊须、原宪生。樊须字子迟，鲁人；原宪字子思，宋人。

颜子在鲁。

### 八岁，前514年（鲁昭公二十八年）

鲁昭公至晋，居晋邑乾侯。孔子退而修《诗》《书》，继续在鲁讲学。

颜子在鲁。

### 九岁，前513年（鲁昭公二十九年）

此年冬，晋铸刑鼎。晋国执政大夫赵鞅把范宣子所制定的刑书铸在铁鼎上，孔子表示不赞成，认为这样做破坏了礼制，会导致贵贱失序，并预见"晋其亡乎！失其度矣"。

颜子在鲁。

### 十岁，前512年（鲁昭公三十年）

鲁昭公居乾侯。

孔子年四十，自称"四十而不惑"。澹台灭明生，灭明字子羽，鲁国武城人。

颜子在鲁。

### 十一岁，前 511 年（鲁昭公三十一年）

晋侯欲送昭公回国，鲁季孙意如来迎，昭公未敢返鲁。

陈亢生，亢字子禽，陈人。

颜子在鲁。

### 十二岁，前 510 年（鲁昭公三十二年）

此年冬，鲁昭公客死乾侯。季孙氏立昭公弟公子宋，是为定公。

颜子在鲁。

### 十三岁，前 509 年（鲁定公元年）

颜子入学，师事孔子，孔子时年四十三岁。"颜子生而明睿潜纯，有圣人之资。十三岁，从学于孔子。"（《学统·正统》）子路、颜渊浴于洙水，见五色鸟。颜渊问子路："此为何鸟？"子路曰："荣荣（一作荧荧）之鸟。"后日，颜渊与子路又浴于泗水，更有前鸟，复问子路："识此鸟否？"子路曰："识。"颜渊曰："何鸟？"子路曰："同同之鸟。"颜渊曰："何一鸟而二名？"子路曰："譬如丝如绢，煮之则为帛，染之则为皂，不亦宜乎？"（《圣门十六子书·颜子书》引《冲波论》）（按语：因颜子十三岁从学于孔子，初识子路，故将颜子问鸟之事系于此年。）

公西赤生，赤字子华，鲁国人。孟懿子、南宫敬叔拜师孔子。

此年八月，鲁国遭受严重霜灾。

颜子在鲁。

### 十四岁，前 508 年（鲁定公二年）

是年，鲁国都城雉门和两观失火。

颜回问朋友之际如何，孔子曰："君子之于朋友也，心必有非焉，而弗

能谓'吾不知',其仁人也。不忘久德,不思久怨,仁矣夫。"(《孔子家语·颜回》)

颜子在鲁。

### 十五岁,前 507 年（鲁定公三年）

邾庄公卒,邾隐公即位。孔子在鲁讲学,邾隐公使人问冠礼于孔子。

颜回问君子。孔子曰:"爱近仁,度近智,为己不重,为人不轻,君子也夫。"回曰:"敢问其次。"子曰:"弗学而行,弗思而得。小子勉之。"(《孔子家语·颜回》)颜子学习非常勤奋,孔子评价说:"语之而不惰者,其回也与!"(《论语·子罕》)

卜商生,商字子夏,卫国人。

颜子在鲁。

### 十六岁,前 506 年（鲁定公四年）

吴、蔡、唐联军大败楚师于柏举,五战五捷。军将乃孙武、伍子胥,破郢,楚昭王奔随。楚臣申包胥赴秦乞援,哭于秦庭七日,秦哀公为之发兵。

孔子观鲁桓公庙宥坐之欹器,借欹器对弟子谈中庸之道,强调凡事不可过分"持满"。孔子曰:"吾闻宥坐之器者,虚则欹,中则正,满则覆。"……孔子喟然而叹曰:"吁!恶有满而不覆者哉!"……孔子曰:"聪明圣知,守之以愚;功被天下,守之以让;勇力抚世,守之以怯;富有四海,守之以谦。"(《荀子·宥坐》)子曰:"吾与回言终日,不违如愚。退而省其私,亦足以发,回也不愚。"(《论语·为政》)

颜子在鲁。

### 十七岁,前 505 年（鲁定公五年）

楚得秦师援救,击败吴国军队,楚昭王还郢。

六月,鲁国季孙意如（季平子）卒。家臣阳虎（又名阳货）囚季孙斯而执国命。阳虎想让孔子来见他，孔子不愿与他相见。于是阳虎赠送孔子一头小蒸猪，欲待孔子拜谢时见孔子。孔子趁阳虎不在家时前去拜谢。但不巧在路上遇到了，阳虎劝孔子出仕，孔子口头答应，但面对无道天下，终未仕。(参见《论语·阳货》)

鲁国政乱，孔子隐而不出，退而修《诗》《书》《礼》《乐》，广招弟子。曾参、颜幸生。曾参，字子舆，鲁国南武城人；颜幸，字子柳，鲁国人。

颜子在鲁。

### 十八岁，前504年（鲁定公六年）

二月，鲁定公命阳虎率鲁师侵郑，取匡邑。季氏家臣阳虎擅权日重。

四月十五日，吴师伐楚，孙武带领吴军破楚军于繁阳。楚国被迫迁都于鄀（今湖北宣城）。吴国威震天下。

冬至，阳虎盟鲁定公及三桓于周社，盟国人于亳社，又在"五父之衢"（今曲阜东南五里处）祭神，以加祸于不守盟誓者。

子曰："回也，其心三月不违仁，其余则日月至焉而已矣。"(《论语·雍也》)

昔颜子十八，天下归仁。(《后汉书·郎顗列传》)

颜子在鲁。

### 十九岁，前503年（鲁定公七年）

二月，齐人归还郓、阳关之地于鲁国，阳虎据为己有。

齐与郑盟于咸，又与卫盟于琐，以与晋国抗衡。

秋，齐遣国夏伐鲁。阳虎御季桓子、公钦处父御孟懿子与齐军战，平，还。

颛孙师生，师字子张，陈人。

颜子在鲁。

### 二十岁，前502年（鲁定公八年）

春，阳虎率军袭击齐国，攻阳州，不克。鲁军败。

十月，阳虎欲削三桓。阳虎谋杀季氏未遂，入讙（今山东宁阳西北）、阳关（今山东泰安东南）以叛。公山不狃据费邑以叛季氏，使人召孔子，孔子欲往，子路反对，未行而止。

孔子年五十，自谓"五十而知天命"（《论语·为政》）。

颜渊将西游于宋，问于孔子曰："何以为身？"子曰："恭敬忠信而已矣。恭则远于患，敬则人爱之，忠则和于众，信则人任之。勤斯四者，可以政国，岂特一身者哉？故夫不比于数而比于疏，不亦远乎？不修其中，而修外者，不亦反乎？虑不先定，临事而谋，不亦晚乎？"（《孔子家语·贤君》，《说苑·敬慎》记载略有不同）

颜子西游于宋，归鲁，娶戴氏。

### 二十一岁，前501年（鲁定公九年）

六月，鲁国讨伐叛乱者阳虎，攻打阳关。阳虎突围奔齐，又逃到宋国，最后逃至晋国投奔赵简子。

孔子任中都（今山东汶上西）宰，治理一年，卓有政绩，四方则之。冉鲁、曹邺、伯虔、颜高、叔仲会生。颜回问仲尼曰："孟孙才，其母死，哭泣无涕，中心不戚，居丧不哀。无是三者，以善处丧盖鲁国。固有无其实而得其名者乎？回壹怪之。"（《庄子·大宗师》）

颜子在鲁，是年生颜歆。

### 二十二岁，前500年（鲁定公十年）

鲁定公重用孔子。孔子由中都宰升司空，再升大司寇，摄相事。孔子以"礼制"治鲁，鲁国大治。

夏，鲁定公与齐景公在夹谷（今山东莱芜南）会盟。孔子参加了这次著名的外交事件，并为鲁国争取到利益。冬，齐国人向鲁国归还了郓邑、瓘邑和龟阴邑的土地，鲁国外交取得重大胜利。

颜渊问仁。子曰："克己复礼为仁。一日克己复礼，天下归仁焉。为仁由己，而由人乎哉？"颜渊曰："请问其目。"子曰："非礼勿视，非礼勿听，非礼勿言，非礼勿动。"颜渊曰："回虽不敏，请事斯语矣。"（《论语·颜渊》）

颜子在鲁。

### 二十三岁，前499年（鲁定公十一年）

孔子为鲁国大司寇，使鲁国政局焕然一新。

颜渊喟然叹曰："仰之弥高，钻之弥坚。瞻之在前，忽焉在后。夫子循循然善诱人，博我以文，约我以礼，欲罢不能。既竭吾才，如有所立卓尔。虽欲从之，末由也已。"（《论语·子罕》）

颜子在鲁。

### 二十四岁，前498年（鲁定公十二年）

孔子为削私家而强公室，向鲁定公建议：孟孙氏、叔孙氏、季孙氏三家大夫都城皆过制，请求把它们都拆除掉。因触犯了三家大夫的利益，以失败告终。

颜渊问为邦。子曰："行夏之时，乘殷之辂，服周之冕，乐则《韶》《舞》。放郑声，远佞人。郑声淫，佞人殆。"（《论语·卫灵公》）陈大夫聘鲁，私见叔孙氏。叔孙氏曰："吾国有圣人。"曰："非孔丘邪？"曰："是也。""何以知其圣乎？"叔孙氏曰："吾常闻之颜回曰：'孔丘能废心而用形。'"（《列子·仲尼》）同门公孙龙生，龙字子石，楚国人。

颜子在鲁。

### 二十五岁，前497年（鲁定公十三年）

鲁国在孔子的治理下，日益昌盛，齐人不愿鲁国强大，于是选美女、良马馈赠鲁君，鲁国执政者季桓子受之。鲁国君臣惑于美女、宝马，怠于朝政。

　　春，孔子出走，止于鲁境之"屯邑"，以待大祭之膰肉。季氏有意慢侮孔子，不送膰肉。孔子失望，是年秋离开鲁国。颜子随孔子离开鲁国前往卫国，住在卫都帝丘（今河南滑县）颜浊邹家。卫灵公问陈于孔子。孔子对曰："俎豆之事，则尝闻之矣；军旅之事，未之学也。"明日遂行。（《论语·卫灵公》）于是，孔子师徒居卫十个月后，离开卫国往陈国，在过匡地（今河南长垣）时，匡人误认孔子为阳虎，围困孔子师徒。子畏于匡，颜渊后。子曰："吾以女为死矣。"曰："子在，回何敢死？"（《论语·先进》）后至蒲地（在今河南长垣境内），赶上公叔氏起事，又为当地人所围，孔子与蒲人盟。月余，孔子师徒自蒲返卫，住在大夫蘧伯玉家。孔子归卫，卫灵公喜而亲郊迎之，复致孔子粟六万为禄。（参《史记·十二诸侯年表》《史记·卫康叔世家》）颜回问小人，孔子曰："毁人之善以为辩，狡讦怀诈以为智，幸人之有过，耻学而羞不能，小人也。"（《孔子家语·颜回》）颜回问于孔子曰："小人之言有同乎君子者，不可不察也。"孔子曰："君子以行言，小人以舌言，故君子于为义之上相疾也，退而相爱；小人于为乱之上相爱也，退而相恶。"（《孔子家语·颜回》）孔子在卫，昧旦晨兴，颜回侍侧，闻哭者之声甚哀。子曰："回，汝知此何所哭乎？"对曰："回以此哭声，非但为死者而已，又有生离别者也。"对曰："何以知之？"对曰："回闻桓山之鸟，生四子焉，羽翼既成，将分于四海，其母悲鸣而送之，哀声有似于此，谓其往而不返也。回窃以音类知之。"孔子使人问哭者，果曰："父死家贫，卖子以葬，与之长决。"子曰："回也，善于识音矣。"（《孔子家语·颜回》）

　　颜子在卫。

**二十六岁，前 496 年（鲁定公十四年）**

　　五月，吴王阖庐伐越，兵败而卒，其子夫差立。

　　孔子与子路、子贡、颜渊游于戎山之上。孔子喟然叹曰："二三子各言尔志，予将览焉。由尔何如？"对曰："得白羽如月，赤羽如日，击钟鼓者，上闻于天，旌旗翩翩，下蟠于地，使将而攻之，惟由为能。"孔子曰："勇士哉！赐尔何如？"对曰："得素衣缟冠，使于两国之间，不持尺寸之兵，升斗之粮，使两国相亲如兄弟。"孔子曰："辩士哉！回尔何如？"对曰："鲍鱼不与兰茝同笥而藏，桀纣不与尧舜同时而治，二子已言，回何言哉？"孔子曰："回有鄙之心。"颜渊曰："愿得明王圣主为之相，使城郭不治，沟池不凿，阴阳和调，家给人足，铸库兵以为农器。"孔子曰："大士哉！由来，区区汝何攻？赐来，便便汝何使？愿得衣冠为子宰焉。"（《韩诗外传》卷九）①

颜子在卫。

**二十七岁，前495年（鲁定公十五年）**

春，邾隐公朝鲁，子贡观礼。

五月，鲁定公卒，其子姬蒋立，是为鲁哀公。

孔子会见卫灵公夫人南子，子路不悦。卫灵公与南子让孔子为次乘招摇过市，孔子耻之。"邑名朝歌，颜渊不舍，七十弟子掩目，宰予独顾，由蹙堕车。"宋均曰："子路恶宰予顾视凶地，故以足蹙之，使下车也。"（《绎史》引《论语撰考谶》）

子夏问孔子曰："颜回之为人奚若？"子曰："回之仁贤于丘也。"曰："子贡之为人奚若？"子曰："赐之辩贤于丘也。"曰："子路之为人奚若？"子曰："由之勇贤于丘也。"曰："子张之为人奚若？"子曰："师之庄贤于丘也。"子夏避席而问曰："然则四子者何为事夫子？"曰："居！吾语汝。夫回能仁而不能反，赐能辩而不能讷，由能勇而不能怯，师能庄而不能同。兼

---

① "戎山言志"又称"景山言志""农山言志"。关于故事发生的地点，学界有多种说法，有的说在曹国都城陶丘的戎山，有的说在鲁城北部的大山，还有的说是在卫国境内。《韩诗外传》卷七和《说苑·指武》所记与此略有不同。

四子之有以易吾，吾弗许也。此其所以事吾而不贰也。"（《列子·仲尼第四》）子谓子贡曰："女与回也孰愈？"对曰："赐也何敢望回？回也闻一以知十，赐也闻一以知二。"子曰："弗如也，吾与女弗如也。"（《论语·公冶长》）

颜子在卫。

**二十八岁，前494年（鲁哀公元年）**

春，吴王夫差败越国于夫椒，占领越国。越王勾践退保会稽，让大夫文种求和。吴王夫差不听伍子胥劝谏，与越国媾和。三月，吴越和。

卫将军文子问于子贡曰："吾闻孔子之施教也……盖入室升堂者，七十有余人。其孰为贤也？"……子贡对曰："夫能夙兴夜寐，讽诵崇礼，行不贰过，称言不苟，是颜回之行也。孔子说之以《诗》曰：'媚兹一人，应侯慎德'，'永言孝思，孝思惟则'。若逢有德之君，世受显命，不失厥名；以御于天子，则王者之相也。"（《孔子家语·弟子行》）

颜子在卫。

**二十九岁，前493年（鲁哀公二年）**

春，鲁攻邾。

春，卫再次内乱，太子蒯聩谋杀南子，失败奔宋，又出逃至晋国赵简子处。卫尽逐杀其党。

孔子师徒决计离开卫国，投奔晋国赵简子。走到大河边，听说赵简子杀害了两个贤人，不由临河而叹，返回卫国。

颜渊入，子曰："回，知者若何？仁者若何？"颜渊对曰："知者自知，仁者自爱。"子曰："可谓明君子矣。"（《荀子·子道》，又见于《孔子家语·三恕》）子夏读《书》毕。……颜渊曰："其表已现，其里又何有哉？"（《韩诗外传》卷二）

颜子在卫。

### 三十岁，前492年（鲁哀公三年）

夏，卫灵公卒，蒯聩子辄立，为卫出公。卫国诸王子争位，内乱。孔子师徒离卫如曹，又从曹国到宋国，见宋景公。孔子曾与弟子习礼于大树下，由于孔子对宋司马桓魋有所批评，司马桓魋派人以砍树的举动警告孔子。孔子离宋至郑，与弟子相失，郑人嘲之"惶惶如丧家之犬"。后奔赴陈国，住陈大夫司城贞子家中。①

秋，鲁国季桓子病，懊悔过去长期未能重用孔子而影响了鲁国的振兴，临死前嘱咐其子季康子要召孔子相鲁。后来由于公之鱼的阻拦，季康子改变了主意，改召孔子弟子冉有（名求，字子有）。冉求将行，孔子曰："鲁人召求，非小用之，将大用之也。"是日，孔子曰："归乎归乎！吾党之小子狂简，斐然成章，吾不知所以裁之。"子赣知孔子思归，送冉求，因诫曰"即用，以孔子为招"云。(《史记·孔子世家》)冉有少孔子二十九岁，后为季氏宰。

颜路年五十四，孔子年六十。子曰："回之为人也，择乎中庸，得一善，则拳拳服膺，而弗失之矣。"(《中庸》)

颜子离卫如曹，又由曹适宋。由于宋司马桓魋的威胁，孔子师徒离宋至郑；因为郑国也没有接待他们，只好又取道适陈。

### 三十一岁，前491年（鲁哀公四年）

孔子谓颜回曰："人莫不知此道之美，而莫之御也，莫之为也。何居？为闻者盍日思也夫？"(《孔子家语·颜回》)颜回问乎仲尼曰："吾尝济乎觞深之渊矣，津人操舟若神。吾问焉，曰：'操舟可学邪？'曰：'可，能游者可教也，善游者数能。乃若夫没人，则未尝见舟而便操之者也。'吾问焉，而不告。敢问何谓也？"仲尼曰："譆！吾与若玩其文也久矣，而未达其实，

---

① 《史记·宋世家》言孔子过宋是在宋景公二十五年（前492），宋人伐树事应在孔子由曹国适宋国的途中，故系于此年。

而固且道与。能游者可教也，轻水也；善游者之数能也，忘水也。乃若夫没人之未尝见舟也而谡操之也，彼视渊若陵，视舟之覆犹其车却也……"（《列子·黄帝》）

晏子对曰："……臣闻仲尼居处惰倦，廉隅不正，则季次、原宪侍。气郁而疾，志意不通，则仲由、卜商侍。德不盛，行不厚，则颜回、骞、雍侍。……"（《晏子春秋·内篇问上》）晏子把颜子视为盛德厚行之人，认为颜子助益孔子成为圣人。

颜子居陈，后入蔡。

**三十二岁，前490年（鲁哀公五年）**

孔子师徒自蔡返陈。子路曰："人善我，我亦善之。人不善我，我不善之。"子贡曰："人善我，我亦善之。人不善我，我则引之进退而已耳。"颜回曰："人善我，我亦善之。人不善我，我亦善之。"三子所持各异，问于夫子。夫子曰："由之所持，蛮貊之言也。赐之所持，朋友之言也。回之所持，亲属之言也。"《诗》曰："人之无良，我以为兄。"（《韩诗外传》卷九）

颜子自蔡返陈。

**三十三岁，前489年（鲁哀公六年）**

是岁，吴伐陈，陈告急于楚，楚昭王救陈。

楚救陈，军于城父。闻孔子在陈蔡之间，楚使人聘孔子。孔子将往拜礼，陈蔡大夫以为楚用孔子而危及本国，于是派人围困孔子师徒于陈蔡之间，绝粮七日。从者病，莫能兴。孔子讲诵弦歌不衰。……孔子知弟子有愠心，乃召子路而问曰："《诗》云'匪兕匪虎，率彼旷野'。吾道非邪？吾何为于此？"子路曰："意者吾未仁邪？人之不我信也。意者吾未知邪？人之不我行也。"孔子曰："有是乎！由，譬使仁者而必信，安有伯夷、叔齐？使知者而必行，安有王子比干？"子路出，子贡入见。孔子曰："赐，《诗》云'匪兕匪虎，率彼旷野'。吾道非也？吾何为于此？"子贡曰："夫子之道至大也,故天下莫能容夫子。夫子盖少贬焉?"孔子曰:"赐,良农能稼而不能为穑,良工能巧而不能为顺。君子能修其道,纲而纪之,统而理之,而不能为容。今尔不修尔道而求为容。赐,而志不远矣!"子贡出,颜回入见。孔子曰:"回,《诗》云'匪兕匪虎,率彼旷野'。吾道非邪?吾何为于此?"颜回曰:"夫子之道至大,故天下莫能容。虽然,夫子推而行之,不容何病?不容然后见君子!夫道之不修也,是吾丑也。夫道既已大修而不用,是有国者之丑也。不容何病?不容然后见君子!"孔子欣然而笑曰:"有是哉颜氏之子!使尔多财,吾为尔宰。"(《史记·孔子世家》)

孔子厄于陈、蔡,从者七日不食。子贡以所赍货,窃犯围而出,告籴于野人,得米一石焉。颜回、仲由炊之于坏屋之下,有埃墨堕饭中,颜回取而食之。子贡自井望见之,不悦,以为窃食也。入问孔子曰:"仁人廉士,穷改节乎?"孔子曰:"改节即何称于仁廉哉?"子贡曰:"若回也,其不改节乎?"子曰:"然!"子贡以所饭告孔子。子曰:"吾信回之为仁久矣,虽汝有云,弗以疑也,其或者必有故乎?汝止,吾将问之。"召颜回曰:"畴昔予梦见先人,岂或启佑我哉?子炊而进饭,吾将进焉。"对曰:"向有埃墨堕饭中,欲置之,则不洁;欲弃之,则可惜,回即食之。不可祭也。"孔子曰:"然乎,吾亦食之。"颜回出,孔子顾谓二三子曰:"吾之信回也,非待今日也。"二三子由此乃服之。(《孔子家语·在厄》)

孔子使子贡往外,久而不来。孔子谓弟子占之,遇《鼎》,皆言无足不来。颜子掩口而笑,子曰:"回也哂?谓赐来也?"曰:"无足者,乘舟而来,赐至矣,清朝也。"子贡果朝至。(《绎史》引《冲波传》)①

孔子穷于陈、蔡之间,七日不火食,左据槁木,右击槁枝,而歌焱氏之风,有其具而无其数,有其声而无宫角,木声与人声,犁然有当于人心。颜回端拱还目而窥之。仲尼恐其广己而造大也,爱己而造哀也,曰:"回!无

---

① 《史记》记载孔子曾派子贡使楚,以解陈蔡之围,故把"颜子解鼎"事系于此年。

受天损易，无受人益难。无始而非卒也，人与天一也。夫今之歌者其谁乎？"回曰："敢问无受天损易。"仲尼曰："饥溺寒暑，穷桎不行，天地之行也，运物之泄也，言与之偕逝之谓也。为人臣者，不敢去之。执臣之道犹若是，而况乎所以待天乎！""何谓无受人益难？"仲尼曰："始用四达，爵禄并至而不穷，物之所利，乃非己也，吾命有在外者也。君子不为盗，贤人不为窃。吾若取之，何哉？故曰：鸟莫知于鹢鸸，目之所不宜处，不给视，虽落其实，弃之而走。其畏人也，而袭诸人间，社稷存焉尔。""何谓无始而非卒？"仲尼曰："化其万物而不知其禅之者，焉知其所终？焉知其所始？正而待之而已耳。""何谓天与人一邪？"仲尼曰："有人，天也；有天，亦天也。人之不能有天，性也，圣人晏然体逝而终矣。"（《庄子·山木》）子贡至楚，楚昭王兴师迎孔子师徒入楚，然后得免。楚昭公欲重用孔子师徒，使使奉币来聘，封孔子书社之地七百里。但由于楚令尹子西的阻拦，此议遂止。"楚令尹子西曰：'王之使使诸侯有如子贡者乎？'曰：'无有。''王之辅相有如颜回者乎？'曰：'无有。''王之将率有如子路者乎？'曰：'无有。''王之官尹有如宰予者乎？'曰：'无有。''……今孔丘得据土壤，贤弟子为佐，非楚之福也。'昭王乃止。其秋，楚昭王卒于城父。"（《史记·孔子世家》）孔子思念鲁国和在鲁国的弟子，叹道："归与，归与！吾党之小子狂简，斐然成章，不知所以裁之。"（《论语·公冶长》）

颜子自陈入蔡，绝粮七日，其志不移。后入楚。

## 三十四岁，前488年（鲁哀公七年）

夏，鲁哀公与吴人会于鄫（今山东枣庄东），吴向鲁国索取牛、羊、猪各一百头为祭品。吴太宰嚭召季康子，季康子使子贡辞谢（此时子贡已仕鲁为大夫），子贡以周礼说服嚭，很好地完成了使命。颜渊、季路侍。子曰："盍各言尔志？"子路曰："愿车马衣轻裘与朋友共，敝之而无憾。"颜渊曰："愿无伐善，无施劳。"子路曰："愿闻子之志。"子曰："老者安之，朋友信之，少者怀之。"（《论语·公冶长》）颜渊曰："舜何人也？予何人也？"有为者亦若是。"

(《孟子·滕文公上》)颜渊问于仲尼曰："夫子步亦步,夫子趋亦趋,夫子驰亦驰,夫子奔逸绝尘,而回瞠若乎后矣。"夫子曰："回,何谓邪?"曰："夫子步亦步也,夫子言亦言也,夫子趋亦趋也,夫子辩亦辩也,夫子驰亦驰也,夫子言道,回亦言道也。及奔逸绝尘,而回瞠若乎后者。夫子不言而信,不比而周,无器而民滔乎前,而不知所以然而已矣。"(《庄子·田子方》)

孔子弟子多仕于卫。卫国执政者孔文子推荐孔子,卫出公欲得孔子为执政,邀请孔子。

孔悝推荐子路出任蒲邑(今河南信阳)大夫,孔悝为卫出公之卿,欲借孔子师徒的力量辅佐卫出公,故用子路为家臣。《荀子·大略》载:"晋人欲伐卫,畏子路。不敢过蒲。"《韩诗外传》卷六载:"子路治蒲三年,孔子过之……"颜回问子路曰:"力猛于德而得其死者鲜矣,盍慎诸焉?"(《孔子家语·颜回》)

颜子随孔子至卫。

### 三十五岁,前487年(鲁哀公八年)

三月,吴伐鲁,吴大败,孔子弟子有若参战有功。

乐稽耀嘉曰:"颜回尚三教变,虞夏何如?"(《白虎通·三教》)

颜子在卫。

### 三十六岁,前486年(鲁哀公九年)

楚伐陈。吴、鲁伐齐,兵败而还。

颜路六十岁。

颜子在卫。

### 三十七岁,前485年(鲁哀公十年)

孔子夫人亓官氏卒。

颜子在卫。

**三十八岁，前484年（鲁哀公十一年）**

春，齐师伐鲁，冉有为季氏将左师，与齐军战于鲁郊，克之。季康子问他是怎样学会作战的，冉有说学于孔子，遂荐孔子于季氏。季康子派公华、公宾、公林持币迎孔子归鲁，至此，孔子师徒结束了14年的周游列国生涯。

孔子返鲁后，鲁哀公和当政者季康子先后问政。鲁哀公问政，对曰："政在选臣。"（《史记·孔子世家》）哀公问曰："何为则民服？"孔子对曰："举直错诸枉，则民服；举枉错诸直，则民不服。"（《论语·为政》）季康子问："使民敬、忠以劝，如之何？"子曰："临之以庄，则敬；孝慈，则忠；举善而教不能，则劝。"（《论语·为政》）

孔子周游列国归鲁后，颜子继续进行政治实践，一是东游齐国，一是西游卫国。

颜渊东之齐，孔子有忧色。子贡下席而问曰："小子敢问：回东之齐，夫子有忧色，何邪？"孔子曰："……吾恐回与齐侯言尧、舜、黄帝之道，而重以燧人、神农之言。彼将内求于己而不得，不得则惑，人惑则死。……"（《庄子·至乐》）

颜子西游于卫，打算前去施展自己的政治抱负。《庄子·人间世》记载："颜回见仲尼请行。曰：'奚之？'曰：'将之卫。'曰：'奚为焉？'曰：'回闻卫君，其年壮，其行独，轻用其国，而不见其过，轻用民死，死者以国量乎泽，若蕉，民其无如矣。回尝闻之夫子曰："治国去之，乱国就之，医门多疾。"愿以所闻思其则，庶几其国有瘳乎！'"

颜子在鲁。

**三十九岁，前483年（鲁哀公十二年）**

孔子之子伯鱼卒。

仲孙何忌问于颜回曰："仁者一言而必有益于仁智，可得闻乎？"回曰："一言而有益于智，莫如预；一言而有益于仁，莫如恕。夫知其所不可由，斯知所由矣。"（《孔子家语·颜回》）叔孙武叔见于颜回，回曰："宾之。"武叔多称人之过，而己评论之，颜回曰："固子之来辱也，宜有得于回焉。吾闻诸孔子曰：'言人之恶，非所以美己；言人之枉，非所以正己。'故君子攻其恶，无攻人恶。"（《孔子家语·颜回》）鲁孟献子聘于晋，韩宣子止而觞之。三徙，钟石之悬，不移而具。献子曰："富哉家。"宣子曰："子之家孰与我家富？"献子曰："吾家甚贫，惟有二士，曰颜回、兹无灵者，使吾邦家安平，百姓和协。惟此二者耳，吾尽于此矣。"客出，宣子曰："彼君子也，以畜贤为富；我鄙人也，以钟石金玉为富。"孔子曰："孟献子之富，可著于《春秋》。"（《新序·刺奢》）

孔子见客。客去，颜渊曰："客仁也？"孔子曰："恨兮其心，颡兮其口，仁则吾不知也。"颜渊蹴然变色，曰："良玉度尺，虽有十仞之土，不能掩其光。良珠度寸，虽有百仞之水，不能掩其莹。夫形体之包心也，闵闵乎其薄也。苟有温良在其中，则眉睫著之矣。疵瑕在其中，则眉睫亦不匿之。"《诗》曰："鼓钟于宫，声闻于外。"（《韩诗外传》卷四）

懿子曰："夫子亦有四邻乎？"孔子曰："吾有四友焉。自吾得回也，门人加亲，是非胥附乎？自吾得赐也，远方之士日至，是非奔辏乎？自吾得师也，前有光，后有辉，是非先后乎？自吾得由也，恶言不至于门，是非御侮乎？"（《孔丛子·论书》，又见于《尚书大传·殷传》）

子曰："颜氏之子，其殆庶几乎？有不善未尝不知，知之未尝复行也。"（《周易·系辞下》）

子路、曾皙、冉有、公西华侍坐孔子，各言其志。孔子赞赏曾皙"浴乎沂，风乎舞雩"的志向，并决定不再出仕。（参见《论语·先进》）

孔子弟子多在各国出仕。子路去鲁，谓颜渊曰："何以赠我？"曰："吾闻之也，去国，则哭于墓而后行；反其国，不哭，展墓而入。"谓子路曰："何以处我？"子路曰："吾闻之也，过墓则式，过祀则下。"（《礼记·檀弓下》）孔子号召弟子对帮助季氏敛财的冉有"鸣鼓而攻之"。季氏使闵子骞为费邑宰，辞而不就。

宰我谓："三年之丧，日月既周，星辰既更，衣裳既造，百鸟既变，万物既易，黍稷即生，朽者既枯，于期可矣。"颜渊曰："人知其一，莫知其他。但知暴虎，不知凭河。鹿生三年，其角乃堕。子生三年，而离父母之怀。子虽美辩，岂能破尧、舜之法，改禹、汤之典，更圣人之文，除周公之礼，改三年之丧哉？父母者，天地也，天崩地坏，为之三年，不亦宜乎！"（《绎史》引《冲波传》）

**四十岁，前482年（鲁哀公十三年）**

孔子谓颜回曰："回来！家贫居卑，胡不仕乎？"颜回对曰："不愿仕。回有郭外之田五十亩，足以给飦粥；郭内之田十亩，足以为丝麻；鼓琴足以自娱；所学夫子之道者足以自乐也。回不愿仕。"孔子愀然变容曰："善哉回之意！丘闻之：'知足者不以利自累也，审自得者失之而不惧，行修于内者无位而不怍。'丘诵之久矣，今于回而后见之，是丘之得也。"（《庄子·让王》）子谓颜渊曰："用之则行，舍之则藏，惟我与尔有是夫！"（《论语·述而》）

子曰："……七十而从心所欲，不逾矩。"孔子晚而喜《易》……读《易》，韦编三绝。（《史记·孔子世家》）

颜回问于仲尼曰："成人之行若何？"子曰："成人之行，达乎情性之理，通乎物类之变，知幽明之故，睹游气之原，若此而可谓成人。既知天道，行躬以仁义，饰身以礼乐；夫仁义礼乐，成人之行也，穷神知化，德之盛也。"（《说苑·辨物》，又见于《孔子家语·颜回》）

仲尼闲居，子贡入侍，而有忧色。子贡不敢问，出告颜回。颜回援琴而歌。孔子闻之，果召回入，问曰："若奚独乐？"回曰："夫子奚独忧？"孔子曰："先言尔志。"曰："吾昔闻之夫子曰'乐天知命故不忧'，回所以乐也。"孔子愀然有间曰："有是言哉？汝之意失矣。此吾昔日之言尔，请以今言为正也。汝徒知乐天知命之无忧，未知乐天知命有忧之大也。今告若其实：修一身，任穷达，知去来之非我，亡变乱于心虑，尔之所谓乐天知命之无忧也。曩吾修《诗》《书》、正礼乐，将以治天下，遗来世；非但修一身，治鲁国而已。而鲁之君臣日失其序，仁义益衰，情性益薄。此道不行一国与当年，其如天下与来世矣？吾始知《诗》《书》、礼乐无救于治乱，而未知所以革之之方。此乐天知命者之所忧。虽然，吾得之矣。夫乐而知者，非古人之所谓乐知也。无乐无知，是真乐真知；故无所不乐，无所不知，无所不忧，无所不为。《诗》《书》、礼乐，何弃之有？革之何为？"颜回北面拜手曰："回亦得之矣。"出告子贡。子贡茫然自失，归家淫思七日，不寝不食，以至骨立。颜回重往喻之，乃反丘门，弦歌诵书，终身不辍。①（《列子·仲尼》）颜回谓子贡曰："吾闻诸夫子：'身不用礼而望礼于人，身不用德而望德于人，乱也。'夫子之言，不可不思也。"（《孔子家语·颜回》）

颜子在鲁。

**四十一岁，前481年（鲁哀公十四年）**

春，鲁哀公西狩获麟。据《左传》记载，叔孙氏之车子鉏商在曲阜西面的大野捕获一怪兽，众人不识，孔子见后，说是麒麟。麒麟作为祥瑞之兽，只有逢盛世才出现，而在礼坏乐崩的春秋末期竟然现身于世并横遭非命。孔子睹物思己，曰："吾道穷矣！"孔子著《春秋》以此绝笔。

鲁国发生饥荒。②

秋八月二十三日，颜子卒于曲阜陋巷，时年四十一岁，葬于曲阜城东防山之阳。

颜渊死，颜路请子之车以为之椁。子曰："才不才，亦各言其子也。鲤也死，有棺而无椁。吾不徒行以为之椁。以吾从大夫之后，不可徒行也。"（《论语·先进》）颜渊死。子曰："噫！天丧予！天丧予！"（《论语·先进》）颜渊死，子哭之恸。从者曰："子恸矣！"曰："有恸乎？非夫人之为恸而谁

---

① 从事件的性质来看，应当发生于孔子晚年归鲁修《诗》《书》、礼乐之后，颜子去世之前，故系于此年。

② 据何新《圣·孔子年谱》，中国民主法制出版社2008年版。

为？"（《论语·先进》）颜渊死，门人欲厚葬之。子曰："不可。"门人厚葬之。子曰："回也视予犹父也，予不得视犹子也。非我也，夫二三子也。"（《论语·先进》）"颜渊之丧，馈祥肉，孔子出受之。入，弹琴而后食之。"（《礼记·檀弓上》）"颜渊之丧，既祥，颜路馈祥肉于孔子。孔子自出而受之，入，弹琴以散情，而后乃食之。"（《孔子家语·曲礼公西赤问》）颜回死，鲁哀公吊焉，使人访于孔子。孔子对曰："凡在封内，皆臣子也。礼，君吊其臣，升自东阶，向尸而哭，其恩赐之施，不有笇也。"（《孔子家语·曲礼子夏问》）孔子哭之恸，曰："自吾有回，门人益亲。"（《史记·仲尼弟子列传》）"颜氏之子，已曾驰过孔子于途矣，劣倦罢极，发白齿落。夫以庶几之材，犹有仆顿之祸，孔子力优，颜渊不任也。"（《论衡·效力篇》）颜回希舜，所以早亡。（《金楼子·立言》）哀公问："弟子孰为好学？"孔子对曰："有颜回者好学，不迁怒，不贰过。不幸短命死矣，今也则亡，未闻好学者也。"（《论语·雍也》）季康子问："弟子孰为好学？"孔子对曰："有颜回者好学，不幸短命死矣，今也则亡。"（《论语·先进》）

# 参考文献

## 一、古籍类

《陋巷志》，明万历颜胤祚修辑本。

《陋巷志》，明万历颜胤祚增修重刻本。

《陋巷志》，清颜光鲁、颜绍统增订重刻本。

颜光敏：《京师日历》，南开大学图书馆藏手抄本。

颜小来：《晚香堂诗》，兖州赵敦玲藏本。

孔宪彝辑：《阙里孔氏诗钞》，清道光曲阜刘文炳刻本。

孔广栻辑：《海岱人文三十三种》，山东省博物馆藏稿本。

颜肇维：《锺水堂诗》，南京图书馆藏本。

颜光敏：《德园日历》，南开大学图书馆藏手抄本。

孔宪彝辑：《曲阜诗钞》，清道光二十三年（1843）刻本。

《颜氏族谱龙湾户分支谱》，清光绪二十八年（1902）刻本。

李百药：《北齐书》，中华书局1972年版。

杨伯峻：《列子集释》，中华书局1979年版。

韩婴撰，许维遹校释：《韩诗外传集释》，中华书局1980年版。

司马迁撰，裴骃集解，司马贞索隐，张守节正义：《史记》，中华书局1982年版。

颜光敏辑：《颜氏家藏尺牍》，中华书局1985年版。

黄宗羲原著，全祖望补修，陈金生、梁运华点校：《宋元学案》，中华书局 1986 年版。

孔祥林校订：《孔子圣迹图》，山东美术出版社 1988 年版。

赵传仁等：《颜光敏诗文集笺注》，齐鲁书社 1997 年版。

王世舜注译：《庄子注译》，齐鲁书社 1998 年版。

周敦颐撰，徐洪兴导读：《周子通书》，上海古籍出版社 2000 年版。

福建省龙岩市：《广东省连平县颜氏族谱》，2000 年版。

李守奎、洪玉琴：《扬子法言译注》，黑龙江人民出版社 2003 年版。

徐振贵主编：《孔尚任全集辑校注评》，齐鲁书社 2004 年版。

李学勤主编：《周易正义》，北京大学出版社 2004 年版。

方勇译注：《庄子》，中华书局 2010 年版。

王充著，张宗祥校注，郑绍昌标点：《论衡校注》，上海古籍出版社 2010 年版。

檀作文译注：《颜氏家训》，中华书局 2011 年版。

朱熹：《四书章句集注》，中华书局 2011 年版。

陈晓芬、徐儒宗译注：《论语·大学·中庸》，中华书局 2011 年版。

庄辉明、章义和：《颜氏家训译注》，上海古籍出版社 2012 年版。

郭丹等译注：《左传》，中华书局 2012 年版。

杨朝明、宋立林主编：《孔子家语通解》，齐鲁书社 2013 年版。

杨朝明主编：《论语诠解》，山东友谊出版社 2013 年版。

杨伯峻译注：《论语译注》，中华书局 2017 年版。

方勇译注：《孟子》，中华书局 2018 年版。

胡平生、张萌译注：《礼记》，中华书局 2018 年版。

方勇、李波译注：《荀子》，中华书局 2018 年版。

杨天才译注：《周易》，中华书局 2018 年版。

孔继汾撰，周海生点校：《阙里文献考》，上海古籍出版社 2019 年版。

## 二、今著

鲁迅：《古小说钩沉》，人民文学出版社 1951 年版。

郭沫若著作编辑出版委员会编：《郭沫若全集·历史编》，人民出版社 1982 年版。

黄绍祖：《复圣颜子思想研究》，台湾文史哲出版社 1982 年版。

黄绍祖：《复圣颜子史料汇编》，台湾新文丰出版公司 1985 年版。

袁世硕：《孔尚任年谱》，齐鲁书社 1987 年版。

匡亚明：《孔子评传》，南京大学出版社 1990 年版。

骆承烈编：《颜子研究》，人民日报出版社 1994 年版。

颜景琴、张宗舜：《颜子评传》，山东友谊出版社 1994 年版。

黄宣民点校：《颜钧集》，中国社会科学出版社 1996 年版。

济宁市政协文史资料委员会、曲阜市政协文史资料委员会编：《颜子家世》，齐鲁书社 1998 年版。

新编《陋巷志》编纂委员会编：《新编陋巷志》，齐鲁书社 2002 年版。

于联凯、颜世谦主编：《颜子研究论丛》，齐鲁书社 2003 年版。

杨俊庆编著：《中国孔子文化观览》，现代出版社 2007 年版。

何新：《圣·孔子年谱》，中国民主法制出版社 2008 年版。

孔德平、周龙涛主编：《孔子生平事迹图》，现代出版社 2008 年版。

王心安主编：《颜子圣迹图》，人民美术出版社 2009 年版。

曲阜市颜子研究会：《颜子语集》，2009 年版。

李中华：《中国儒学史　魏晋南北朝卷》，北京大学出版社 2011 年版。

石敬东、刘爱民：《东江小邾国都城、疆域及相关问题初探》，《海岱考古》第四辑，科学出版社 2011 年版。

杨朝明主编：《孔子事迹编年》，中国社会出版社 2012 年版。

秦元：《颜之推研究》，齐鲁书社 2012 年版。

常昭：《颜氏家族文化研究——以魏晋南北朝为中心》，中华书局 2013 年版。

杨立群：《颜子传》，文物出版社 2014 年版。

常佩雨：《上博简〈颜渊问于孔子〉初探——基于竹简形制、简文释读、文献价值诸问题的考察》，《学行堂语言文字论丛》第四辑，四川大学出版社 2014 年版。

孟继新、颜景刚编著：《儒家圣门志》，中国文史出版社 2015 年版。

复圣书院编印：《新编颜子通解》，2016 年版。

王春华、于联凯：《论颜子"未有穷其下而能无危者也"思想的意义与影响》，《孔子学刊》第十辑，青岛出版社 2019 年版。

## 三、期刊论文

骆承烈：《议颜回》，《郑州大学学报（哲学社会科学版）》1981 年第 1 期。

黄立振：《孔尚任信札墨迹》，《社会科学战线》1981 年第 4 期。

李启谦：《颜回研究》，《山东师大学报（哲学社会科学版）》1985 年第 4 期。

姚瀛艇：《论孔颜乐处》，《中州学刊》1986 年第 1 期。

骆承烈：《颜回思想的积极因素》，《社会科学战线》1991 年第 2 期。

颜景琴：《颜子安贫辨》，《齐鲁学刊》1993 年第 2 期。

周洪才：《颜光敏生平交游著述考》，《齐鲁学刊》1993 年第 1 期。

黄宣民：《明代平民儒者颜钧的大中哲学》，《哲学研究》1995 年第 1 期。

黄宣民：《明代平民儒者颜钧及其思想特色——新版〈颜钧集〉前言》，《中国社会科学院研究生院学报》1995 年第 3 期。

陈东霞：《试论〈颜氏家训〉中的儒家思想》，《东岳论丛》1999 年第 3 期。

齐姜红：《颜渊政治思想初探》，《东岳论丛》2002 年第 1 期。

杨朝明：《〈孔子家语·颜回〉篇与"颜氏之儒"》，《齐鲁文化研究》2002 年第 1 辑。

赵峰：《朱熹论孔颜乐处》，《江苏行政学院学报》2003 年第 4 期。

郭齐家、徐卫红：《程颐〈颜子所好何学论〉教育思想引证与疑义》，《江南大学学报（人文社会科学版）》2003 年第 5 期。

李光雨、张云：《山东枣庄春秋时期小邾国墓地的发掘》，《中国历史文物》2003 年第 5 期。

王厚香、汲广运：《颜子尊师重道及影响》，《管子学刊》2004 年第 2 期。

颜炳罡、陈代波：《从颜氏之儒的思想特质看其与易学的关系》，《周易研究》2004 年第 3 期。

梁涛：《郭店竹简"息"字与孔子仁学》，《哲学研究》2005 年第 5 期。

陈天林：《乐境——论周敦颐的"孔颜乐处"》，《河北大学学报（哲学社会科学版）》2006 年第 1 期。

殷明耀：《论孔颜乐处》，《孔子研究》2006 年第 6 期。

李光雨、刘爱民：《枣庄东江小邾国贵族墓地发掘的意义及相关问题》，《东岳论丛》2007 年第 2 期。

王南萍：《论"孔颜乐处"的精神境界》，广西师范大学 2007 年硕士学位论文。

邢琴琴：《论颜回的德行品质与人性魅力》，郑州大学 2008 年硕士学位论文。

杨帆：《以德为福——周敦颐的精神理想与价值追求》，首都师范大学 2009 年硕士学位论文。

陈东霞：《"孔颜乐处"的内圣意境》，《信阳师范学院学报（哲学社会科学版）》2009 年第 4 期。

常昭：《颜回、颜氏之儒与琅邪颜氏家族探析》，《齐鲁学刊》2010 年第 4 期。

朱雪芳：《一脉相承：周敦颐、程颐论颜子》，《湖南科技学院学报》2011 年第 5 期。

朱叶楠：《程颐的颜子学》，《社科纵横》2011 年第 10 期。

王春华：《颜回资料辑考》，曲阜师范大学 2011 年博士学位论文。

葛荣晋：《儒家哲学智慧与寻找人生快乐》，《社会科学战线》2012 年第 3 期。

解晶：《孔颜乐处的内涵探析及对当代教育的启示》，曲阜师范大学 2013 年硕士学位论文。

宋立林：《颜氏之儒考述》，《齐鲁学刊》2013 年第 4 期。

魏强：《论颜回道德人格及其德性智慧》，《兰州学刊》2014 年第 1 期。

刘伟：《"德行"维度分析——以颜渊、闵子骞、冉伯牛、仲弓为例》，《孔子研究》2014 年第 2 期。

李国勇、常佩雨：《上博简〈颜渊问于孔子〉简文释读与文献价值新探》，《四川文物》2014 年第 2 期。

宋立林：《上博简〈君子为礼〉与颜氏之儒》，《中国哲学史》2014 年第 4 期。

周建刚：《颜子所乐何事？——对于理学境界论的一个哲学阐释》，《湖南科技学院学报》2014 年第 8 期。

万春香：《先秦至两汉文献中颜回仁者形象梳理研究》，西南大学 2014 年硕士学位论文。

洪卫中：《颜之推对儒家思想的坚守与世俗化传播——以〈颜氏家训〉为中心的考察》，《郑州大学学报（哲学社会科学版）》2015 年第 1 期。

秦大忠：《试论"颜回之乐"的本质及其"归仁"的途径——兼谈中国文化传统中的证道追求》，《东岳论丛》2016 年第 6 期。

贾一凡：《小邾国墓地综合研究》，河南大学 2016 年硕士学位论文。

杨海文：《"庄生传颜氏之儒"：章太炎与"庄子即儒家"议题》，《文史哲》2017 年第 2 期。

冯和一：《颜子之儒"学圣""言道"特质在上博简中的体现》，《孔子研究》2017 年第 6 期。

宋立林：《优入圣域：颜子对孔学的生命诠释》，《中国文化》2018 年第 2 期。

许丙泉：《孔子儒家"中庸"之美》，《济宁学院学报》2018 年第 4 期。

申绪璐：《阳明学的"良知"与"知识"之辨——再论"颜子没而圣学亡"》，《浙江社会科学》2018年第9期。

刘悦笛：《论"孔颜乐处"：回到颜子去!》，《孔学堂》2019年第2期。

王中江：《"成就自身"的智慧：儒家的道德自主性和自我反思》，《齐鲁学刊》2019年第6期。

彭丹：《"谈圣学者莫不曰"——"颜子没而圣学亡"的思想效应》，《孔子研究》2019年第4期。

王齐洲：《再寻孔颜乐处——以颜回为中心的考察》，《中国传统文化研究》2020年第1期。

# 后　记

　　庚子仲夏，我怀着复圣后裔的使命感，慨然接受了撰写此书的任务。作为颜子后裔，我有一种义不容辞的责任去还原复圣颜子贫而乐道、卓而不凡的人生历程，展现颜子躬自厚德、薄责于人的道德品格，展示颜子克己为仁、乐天知命、礼乐合一的人生境界，宣传在颜子思想影响下璀璨的颜氏家族诗礼文化、家训文化、书法文化、政德文化等。然而，真实客观地撰写这样一部圣人传记并不容易。首先，研究资料相对短缺，虽然颜子以德行著称，位列四配之首，但是历代对颜子的史实性记述并不多；其次，时间紧、任务重，从庚子仲夏接到任务到仲冬要求写出初稿，仅有不到半年时间。

　　在写作过程中，笔者引用了许多前贤时哲关于复圣颜子的论著，主要有：黄绍祖的《复圣颜子思想研究》《复圣颜子史料汇编》，骆承烈的《颜子研究》，颜景琴、张宗舜的《颜子评传》，杨朝明主编的《论语诠解》，杨朝明、宋立林主编的《孔子家语通解》，复圣书院编印的《新编颜子通解》，杨立群的《颜子传》等。由于通行读本的体例所限，对于书中所引，不一一作注。

　　笔者在撰写本书的过程中，得到全国政协委员、孔子研究院原院长、国际儒学联合会副理事长、本丛书主编杨朝明先生的多次指导。从篇章结构到行文风格，从引文处理到典故使用，杨先生耳提面命，殷切关怀，并寄予厚望，在此表示衷心感谢！曲阜市颜子研究会给予大力支持，原秘书长颜世德宗亲慷慨惠借资料，颜涛秘书长、世慈宗亲、世岭宗亲、颜红宗亲、颜建宗亲等多次予以无私帮助。我的中学语文老师张学法先生认真审读全书，并提出中肯意见。我的同仁济宁学院曲阜优秀传统文化传承发展研究中心刘振佳研究员、颜伟博士、颜培建博士在关键时刻帮助修改、润色文字。衷心感谢曲阜师范大学曾子研究专家周海生教授在百忙之中审阅书稿，并提供文献资料和诸多帮助；特别感谢颜子文化研究青年专家、济南大学常昭教授，她对全书予以认真校改，字斟句酌，并提出很多建设性建议。长江文艺出版社杜东辉编审、广西民族大学唐东辉博士对全书提出诸多有益建议。特别值得称奇的是，两位理科出身的专家对本书进行了最后的审阅，他们分别是山东大学物理学院博士研究生导师、国家杰出青年基金获得者颜世申教授和南京农业大学博士研究生导师颜培实教授，他们完全是凭着自己的浓厚兴趣和文史素养深研复圣文化。

齐鲁书社的编辑同仁为出版本书付出了辛勤的汗水，责任编辑张敏敏女士细致耐心、贡献尤多，谨此深致谢忱。

书中所收明代万历年间镌《复圣图赞》照片均由曲阜市三孔文化旅游服务有限责任公司免费提供，深表感谢！

在撰写过程中，家人给予大力支持。年已七旬的母亲承担起照顾我家二宝的重任，患病的妻子主动承担起所有家务，让我能够安心收集资料并完成写作任务。笔者于 2020 年 5 月 30 日至 10 月 10 日完成初稿，其后分别于 2020 年 11 月 1 日至 2021 年 1 月 14 日、2021 年 2 月 27 日至 3 月 8 日、2021 年 7 月 18 日至 8 月 23 日、2022 年 3 月 23 日至 4 月 10 日四改书稿，艰难困苦，玉汝以成；百尺竿头，更进一步。在此向诸位师友、家人致以诚挚的谢意！

由于笔者学识所限，本书肯定存在诸多不足甚至谬误之处，竭诚欢迎方家批评指正，以便在将来的研究工作中进一步改进和完善。

颜健　谨致

2022 年 4 月 10 日